日本経済 瀕死の病はこう治せ!

島田晴雄

GENTOSH

日本の明るい未来を祈り、この本を孫の世代に捧げたいと思います。

前書き　―日本はタイタニック号になりつつある―

みなさんは考えたことがあるでしょうか？
日本経済は今、年一年と破綻に向かって進んでいます。このままでいくと、10～15年後に破綻する可能性が高いのです。

みなさんの中には、映画『タイタニック』を見た方がたくさんいらっしゃると思います。20世紀初頭に建造されたイギリスの豪華客船タイタニック号は、その処女航海で氷山にドカンとぶつかって船底に穴が空き、ほどなく沈没してしまいました。犠牲者はおよそ１５００人を数え、世界最悪の海難事故の１つとして知られています。

日本経済もこのままの状態でいくと、あのタイタニック号が氷山にぶつかったように、10～15年後に深刻な経済破綻にぶつかるリスクが高いのです。

しかも、そのリスクは時間の経過とともに高まっています。

なぜそんなことになるのでしょう？
財政が破綻し、経済が破綻し、国が破綻する——それはなぜなのでしょう。そうなると、いったい何が起きるのでしょうか。
そして、みなさんにはどのようなことが起きるのでしょうか。

この本では、
なぜ日本にそんなことが起きるリスクが高まっているのか？
いったい日本の経済やみなさんの暮らしにはどんなことが起きるのか？
そのような事態を解決する、あるいは起きないようにするてだてはあるのか？
そうしたことを、みなさんと一緒に考えてみたいと思います。

日本経済　瀕死の病はこう治せ！　目次

Part V

国民に危機を気づかせないしくみ

Part VI
日本政府の苦難のあゆみ

Part
VII

なぜ年金は膨張したのか　123

Part VIII 財政政策改革への提言 134

Part
IX
社会保障改革への提言 149

Part X

目前の危機を克服し、若い力で新しい日本を築こう 175

経済環境と社会構造の大きな変化

Part XI 日本再興に向けてのシナリオ

求められる活力の創出

Part XII

自然資源が持つ大きな可能性

森林資源

農業資源

自然エネルギーのすすめ

編集協力　本郷明美
カバーデザイン　小口翔平＋上坊菜々子(tobufune)
本文デザイン＋DTP　河野真次

Part

I

なぜ日本は危機に近づいているのか

この章では、まず本書でお話ししたいポイントを整理してお示しします。論点をおさえたところで次章からの各論に入っていくことにしましょう。

日本はどうして莫大な借金を背負ったのか

■急激な高齢化で社会保障費が足りなくなった

経済はみんなが働き、生産をし、消費をすることでまわっています。

しかし、当たり前のことですが、国民全員が働けるわけではありません。人間はみんな年をとります。若い頃は元気に働いていても、年をとるうちに働けなくなるのが自然なことです。高齢の、働けなくなった人々は年金をもらって生活します。そして、介護や医療サービスも必要になります。

一方、幼い子供たちも同じように、働くことはできません。子供たちは働ける大人に成長するまで、育児支援や教育を受けて成長します。そうしたしくみを管理し、支援をするのが政府です。

政府は、年金や教育などの制度を通じて、高齢者や子供たちなどの働けない人々を支援するのです。

こうした、年金や介護や医療といった制度を「社会保障」といいます。その費用は本来、そのサービスを受ける人々が払う保険料でまかなうという建前になっています。

ところが、ごぞんじのように日本はかつて急速な経済発展をし、それにともない物価も上昇しました。多くの高齢者が、働ける時代に払っていた保険料では現在の生活を維持することができないのです。そこで、現在の受給者は、現役で働いている人々が納める社会保険料から、足りないかなりの部分をまかなってもらっています。

高齢化はあまりに急速に進み、高齢者がどんどん増える一方、生まれる人の数が年々減っています。つまり、増える高齢者が受ける社会保障の費用を、ますます少なくなる現役世代が担わなくてはならなくなっているのです。

若い現役世代にも当然ながら生活があるので、支払い能力には限界があります。そこで政府はだいぶ前から、足りない部分については国債などを発行してまかなってきました。

これまでは、それでもなんとかやってこられました。

日本は１９９０年代初頭までは、財政赤字どころか数少ない黒字国で、債務の累積残高も少なく、世界の主要国の中でも優等生だったのです。

それが10年後の２０００年代に入ると世界最悪の赤字国となり、それ以降ますます財政状態は悪くなっているのです。その10年間にいったい何が起きたのでしょうか？

■日本が借金大国になった2つの要因

そこには２つの大きな要因があります。

１つは、１９９０年代前半にバブルが崩壊し、90年代中頃から、日本経済がデフレの長期停滞に陥ったことです。

この停滞は２０１０年代初頭までつづいたので、「失われた20年」と言われるようになりました。デフレ経済では賃金は伸びず、賃金に比例する社会保障の保険料も増えません。

一方、高齢化は進みます。実はこの時代の日本の高齢化は世界史でも前例がないほど、急速に進みました。高齢者が増えれば増えるほど、年金、医療、介護などの社会保障給付が増えていきます。高齢化によって費用は急速に増えるのに、それを支える社会保険料の拠出が増えないので、社会保障会計の赤字は膨らむ一方になりました。この急速な高齢化が２つ目の要因です。

こうして日本は、かつての財政優等生の地位から転落したのです。

日本の問題は、国債の累積高が危険水準を上回って、どんどん増えているということなのです。国債は政府の、つまりは国の借金です。将来の世代が払わねばならないのですから、言うなればこれから生まれてくる世代への税金です。

借金を返せない国はどうなるのか？

■日本の借金は、あのギリシャをはるかに上回る

みなさんは、数年前にギリシャが「借金の返済ができない国」と思われて国債価格が急落したことをおぼえておられるでしょう。ギリシャはＥＵ（欧州連合）の加盟国ですから、この事件でＥＵ全体が緊張感につつまれました。関係当局が、全力で救済や構造改革に取り組みましたが、まだ問題は完全には解決していません。

他人ごとのように捉えていた方も多いかもしれませんが、実は日本の公債発行残高は、そのギリシャをはるかに上回る危険水準にあるのです。

国の借金は、国債だけではありません。国の発行する国債のほかにも、地方自治体が発行する地方債、政府が財政投融資のために発行する債券などいろいろあり、これらを総称して一般政府の債務、ひとことで「公債」といいます。

ギリシャの公債発行残高は、国の経済規模をあらわすＧＤＰ（国内総生産）にくらべて

200％ほどですが、実は日本はすでに240％近くになっているのです。

みなさんは、経済規模にくらべて、ギリシャよりはるかに政府の借金が嵩んでいる日本の公債がなぜ急落しないのか、と疑問に思うことでしょう。

いろいろな仮説がありますが、ただ1つたしかに言えることは、「日本だけが世界で特別に信用される国ではあり得ない」ということです。借金を返せない国とみなされ、国債価格が急落し、経済が破綻に陥るリスクは厳然とあるということです。しかも、借金が刻々と累積していく中で、そのリスクがますます高まっていることはたしかな事実なのです。

経済破綻とはどういうことか？

■借金が多額になると、国債価格が下落する

これまで財政破綻、経済破綻、国の破綻と言いましたが、それは具体的にどのようにし

て起こるのでしょうか。また破綻すると、財政や経済や国、とりわけ私たち国民の生活はどうなるのでしょうか。

経済にはよい時も苦しい時もあるので、どこの国でも経済を運営する時には借金をすることが少なくありません。けれど借金は約束の時期が来れば、返さなければなりません。

借金があまりにも多額になると、市場関係者は「あの国は借金を返せないのではないか」と疑念を持つようになります。その結果、借金の証文である国債の市場価格が下がり始めます。これは「危機」の状態です。今の日本はその直前の段階にきています。

これは、多額の借金を抱えた会社が信用されなくなり、株価が下がるのと同じことです。

ちょっとここで、債券の市場価格と利回りの重要な関係について、1つ理解していただきたいと思います。

それは債券の市場価格と利回りには、「負」の相関関係があるということです。

債券には、「満期になるといくら」という額面価格があります。額面100万円の債券は、たとえば満期の1年前に買うと通常、1年分の利回り分だけ安く買えます。98万円で買える場合は利回り分が2万円ですから、利回りは2%です。

債券の需要が少なく、その時の市場価格が95万円とすると、利回りは5％と言えます。つまり、債券の市場価格が安ければ安いほど利回りは高くなるという負の相関関係があるのです。

国債の市場価格が下がり始めると、利回りが上昇するというしくみです。

そして、国債のような大型の債券の利回りは、一般の市場金利に影響します。国債の市場価格が下落すると利回りが上昇し、一般の市場金利も上がることになるのです。

金利が上昇すると何が起きるのでしょうか？

今の日本は異常な低金利の時代です。日銀の政策金利は、限りなくゼロに近い水準にあります。企業が借金をする時や、人々がローンを組む時の金利はこれよりいくらか高い水準になりますが、それでもかなりの低金利状態です。

政府は、この低金利を前提にして国債を大量に発行しています。なぜなら低金利なら金利負担が膨らまないからです。企業も低金利を利用して借金を返しています。

もし国債の価格が低落して金利が上昇すると、どれだけ上昇するかにもよりますが、政府や企業は大きな影響を受けるでしょう。

たとえば、政府は今公債などで約1300兆円の借金をしていますが、金利がゼロに近い現在は、金利負担がわずかで済んでいます。ところが、金利が1%になれば13兆円、2%になれば26兆円、3%になると39兆円と、ほんの数%の金利上昇で、1年間の国の税収に匹敵するほどの金利負担になるのです。

■政府は予算を組めず、国民を支えられなくなる

各企業の信用力にもよりますが、企業もまた借金をする際、現在は1~3%程度の金利水準が、4~6%くらいの水準になってしまいます。すると企業は借金をしにくくなり、資金繰りに苦しみますし、投資はしにくくなります。

金利がいったん上がり始めると、多くの関係者は悲観的になり、悲観が悲観を呼んで勢いがつき、ますます上昇するおそれがあります。そうなると金利は想像を超えて高くなる可能性があるでしょう。

ちょっと話はそれますが、経済活動というのは、みなさんが思っている以上に、その多くが先行きの予想や期待にもとづいています。

楽観が楽観を呼び、悲観が悲観を呼ぶ――「オーバーシュート」(行き過ぎ)でつねに

翻弄されているのです。好況や不況といった日常の経済変動も、つねにオーバーシュートで変動が拡大する傾向があります。近年の日本の経験でも、バブル時代の有頂天や、デフレの20年間の悲観はその典型と言えるでしょう。

ともかく金利が高くなるほど、政府は公債を発行しにくくなりますから、予算編成が難しくなります。企業も資金繰りがつかなくなり、生産活動や投資活動に支障が出てきます。

高金利がさらに加速するような状態になると、政府は本当に予算編成ができなくなり、企業は生産や投資活動ができなくなります。

この状態は、「経済破綻」そのものです。

そして、予算編成をできなくなれば、政府は国民を支えられなくなります。また企業が生産も投資もできなくなれば、雇用もできませんから、人々は生活手段を失います。これがまさに「国家破綻」なのです。

破綻で私たちの生活はどうなる?

■日本が70年前に経験した国家破綻

国家破綻の状態に陥ると、政府も企業も活動ができなくなるため、当然のことながら人々の生活が困難になります。そうした状況で、私たちはどのように生き延びるか——それこそサバイバルを考えなくてはならなくなります。

実はこれは空想ではなく、これまでの歴史を振り返ってみても、多くの国々が実際に経験してきたことなのです。

近年でも、アルゼンチン、ロシア、南アフリカ、フィリピン、メキシコ、ブラジル、トルコなどが経済危機から国家破綻に陥り、人々は悲惨な生活を強いられました。これらの国々の経験については、のちほど詳しくお話しします。

そして何よりも、私たちの国である日本も、太平洋戦争の敗戦直後にその深刻な経験をしているのです。

日本は戦争中、戦費調達のために発行した国債が膨大な額になっていました。敗戦で焼け野原になり、国民への莫大な借金が残ったのです。その借金を返せなければ、日本は人にたとえれば、かつてのいわゆる「禁治産者」（法律上自分で財産を管理、処理できない人）の状態になり、世界の国々と取引ができなくなります。国家としてはやってゆけません。

そこで政府は、預金封鎖、新円切り替え、財産税徴収というういわば禁じ手を矢継ぎ早に打って、巨額の政府債務をなんとか圧縮したのです。具体的にどんなことをしたのかについては、のちほど詳しく述べますが、要するに国民の貴重な金融資産をほとんど取り上げるという非常手段で、国として国際的な「禁治産者」になることを防いだのです。

人生をかけて、コツコツと貯めてきた蓄えのほとんどを一挙に失った国民のショックと絶望が、いかに悲惨だったかは想像に難くありません。しかし敗戦直後の日本は、戦争で多くの人々が命を落とし、都市のほとんどが焼け野原になったという誰にとっても深刻な状況だったので、人々はその絶望に耐え、生きることに希望を見出したのかもしれません。

では、現在のような豊かな社会で、経済破綻が起きたらどうなるでしょうか。戦後の荒廃した日本ではありません。資産を一挙に失うショックは、それまでの豊かな生活を当たり前と思ってきた私たちにとってははるかに大きく、また絶望ははるかに深いものになる可能性があります。想像するのも恐ろしいことが起きるおそれがあります。

私たち日本国民は、戦後の廃墟の中から必死の思いで立ち上がって、多くの人々の真剣な努力で、今日の立派な国を、経済社会を構築してきたのです。そんな事態に陥ることは、なんとしても避けなければなりません。

破綻を避けるにはどうしたらよいのか？

■増税が最大の効果を持つ

では、そのような事態にならないようにするには、どうすればよいのでしょうか。

それには、累積した借金をなんとか減らすことが必要です。

主に3つの方法があります。
第一は、税金を増やすこと。税収は政府の収入になるので借金を減らせます。
第二は、政府の支出（歳出）を減らすこと。歳出を減らせば借金は減らせます。
第三は、経済を成長させること。経済が成長すれば、税収が増えるから借金を減らせます。

これらの政策には、それぞれ期待される効果も限界もありますが、おそらく最大の効果を持つのは増税でしょう。ただし、増税幅が大きいと人々の反応が過大になる傾向があるので、少しずつ小刻みに増税するのが効果的かもしれません。

大きな政府債務を減らすには、長い時間をかけて税を少しずつ、高い率まで引き上げる必要がありますが、それは結局、国民の税負担を大幅に増やすので、いわゆる高負担社会になります。

高負担には、当然、それに見合うさまざまな政府のサービスの提供や、それにふさわしい社会構造が必要です。

北欧諸国は高負担社会として知られていますが、そのぶん医療や介護や教育など基本的なサービスが無料で提供されています。高い負担に見合った「安心」が保障されているのです。

一方、アメリカはこうした医療や介護といったサービスは、基本的に人々の支払い能力に応じて民間企業が提供する社会です。アメリカでは支払い能力のない人々には十分なサービスがなく、所得に応じて大きな格差ができています。

日本の現状には他国にくらべてよいところも欠点もありますが、危険な政府累積債務を国民の負担で減らすと同時に、日本の実情をふまえた日本にふさわしい「安心」な社会を構築する必要があります。

こうした必要についてさまざまな指摘がありますが、実現すべき社会改革は政策課題として本格的に検討はされていません。深刻な財政債務の削減に取り組むと同時に、私たちは、どのような社会を構築すべきかを真剣に考え、その構築に取り組む時がきています。

■社会保障制度が時代に合わなくなっている

1990年代以降の失われた20年が経過する中で、日本の社会構造は大きく変質しました。

終戦から高度成長期、日本の社会は若い世代の人口が増加しました。当時は両親と子供が一緒に暮らし、父親は企業で正社員として働き、母親は専業主婦という家庭がほとんどです。日本の社会保障、つまり年金制度、医療制度、失業保険や生活保護などはこの時代に作られ、こうしたスタイルの社会を支える制度でした。

しかし、今の社会は様変わりしています。高齢者人口が増加し、両親と子供という構成の家族は半分以下に減り、独身世帯や子供のいない世帯が大半になりました。会社においても、かつては例外的な存在だった非正規社員が今では社員全体の4割にまで増えています。そうなると、これまでの社会保障制度だけでは、国民の安心を保障することができません。

なぜなら社会保障の基礎になる雇用そのものが不安定で、夫婦が子供を作り育てる力が弱っているからです。出産、子育て、教育、介護など、人々の生活全般を支える、新たな時代の総合的な社会保障制度を設計し直さなくてはなりません。

つまり、税金を集めて社会保障に使うシステム、これまでの再分配構造を、根本から作り直す必要があるということです。

また、社会の分配構造の再設計とともに、とても重要なことがあります。それは日本の、そして私たち国民の潜在能力を大きく発揮することです。

日本は90年代以降、昔にくらべて元気がなくなってきているといわれますが、潜在的な資源や可能性はまだまだいくらでもあります。それらを大きく生かすのは、私たち、とりわけ次の時代を担う若い人々の課題です。

■政府の動きは我々の判断次第

2025年には戦後生まれの団塊の世代が75歳を超え、医療費の急増が見込まれるので、国の借金はさらに深刻な事態になると予想されています。政府はこれまで財政健全化の方針を堅持するとしてきましたが、最近は2020年に健全化を達成するという目標も危ぶまれるようになってきました。

そこへきて2019年の消費増税の増収分を教育や社会保障の充実にまわすという方針を安倍政権が打ち出したので、健全化目標はさらに遠のくことになります。

実際、2018年1月23日に発表された内閣府の財政試算では、財政の健全化（基礎的財政収支の黒字化）は２０２７年になるとしており、政府はこうした状況をふまえて２０１８年６月頃に改めて財政健全化計画を作りなおすとしています。

ただ、後で詳しく説明しますが、この試算自体、かなり現実離れした前提で算定されていますので、実際には健全化はかなり難しそうです。

財政危機のリスクの克服と、新しい社会構造をふまえた総合的な安心システムの構築は、政府の最大責務のはずです。しかし政治家は国民の理解と支持がなければ行動できません。選挙で国民に支持されなければ政治活動ができないのです。

つまり、政治家に仕事をさせる、ひいては政府を動かす基本的な力は、有権者である私たち国民自身の理解と判断なのです。

これまで述べてきたのは、深刻な危機が迫ってきているという現実と、それを克服するには何をしなければならないかという課題です。私たちがそれを具体的な行動に結びつけ、また、政治家に行動を要請するためには、現実の状況をまずしっかり理解する必要があります。

これからみなさんと一緒に、これまで述べてきたことを詳しく見ていき、課題を確認することにしましょう。

Part II

破綻に向かう日本経済

敗戦直後を上回る、財政債務の重圧

■現在の日本は敗戦直後よりも財政難

まずは、深刻なデータを見ていただきます。

結論から言ってしまいましょう。現在の日本の政府債務残高は経済規模を考慮してくらべると、太平洋戦争敗戦直後の日本の債務残高よりかなり深刻なのです。

図1　敗戦後と現在の政府債務残高のGDP比の比較

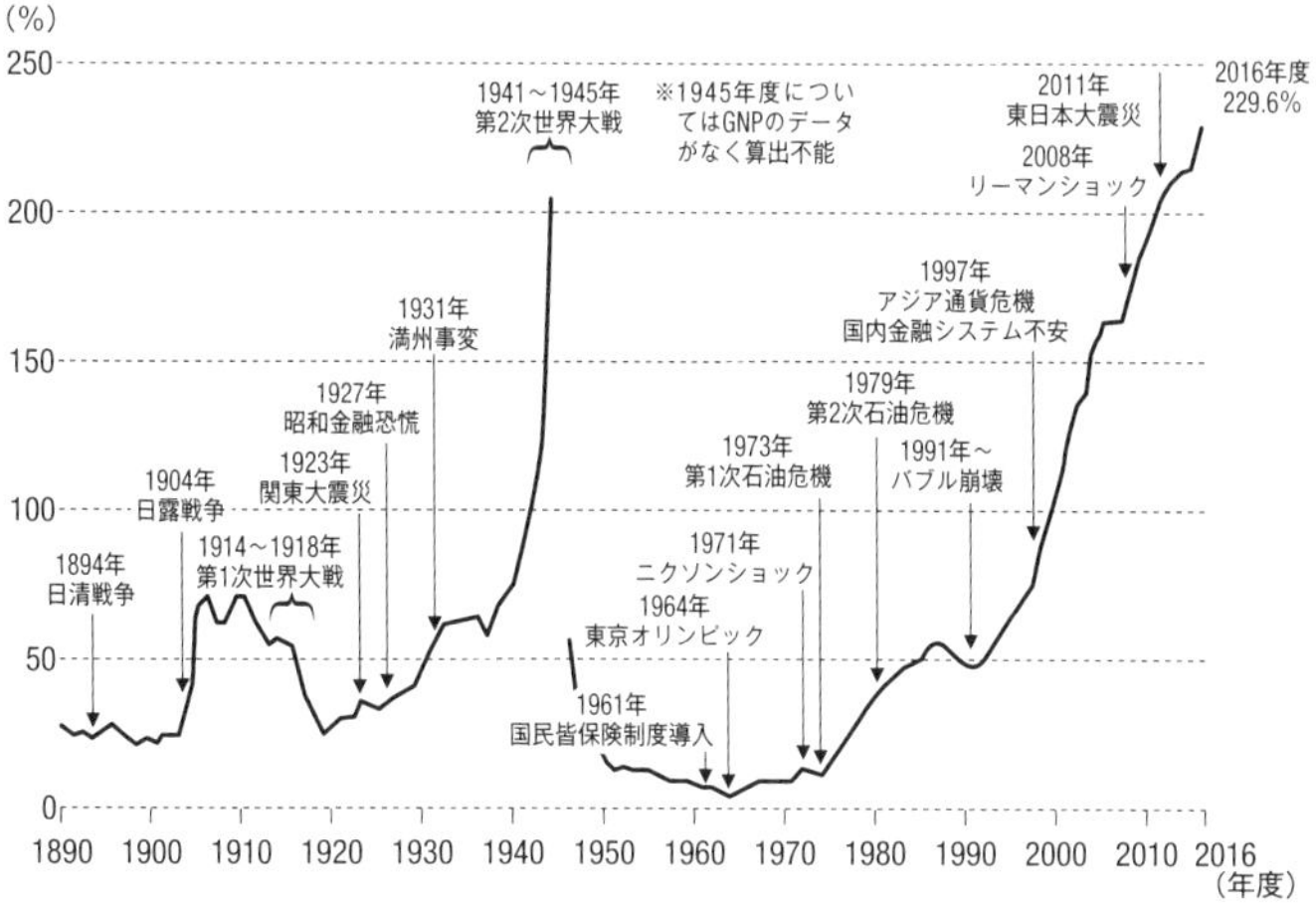

出典：財務省資料

1890年から始まる図1の左側を見てください。1894年の日清戦争から1945年の太平洋戦争敗戦までの、政府債務残高のGDP比がわかると思います。もっともGDP比が高いのは日露戦争後ですが、それでも70%程度です。1945年は敗戦の混乱で適切なGNPデータはないものの、政府債務比率は200%を超えたと見られます。

一方、図の右側は敗戦後から現在までの政府債務残高のGDP比です。

いかがでしょう。戦後数年は50%ほどあったものの、順調に減らし、東京オリンピックが行われた64年には数%しかありません。しかし、その後70年代半ば、第一次石油危機の頃から徐々に債務は増えていき、第二次石油危機を経て、80年代後半には50％を超えます。

さらに、91年のバブル崩壊、97年のアジア通貨危機、２００8年のリーマンショックなどを経て、我が国の債務残高はごらんのとおり、まさにうなぎ上りです。ついに２０１6年度には、２２９・６％となってしまいました。

終戦直後の数字は厳密なデータはなく推定ではありますが、敗戦後の異常事態、すなわち危機状態の債務残高比率よりも、現在の政府債務の方が大きく上回っているのはたしかです。


敗戦後の日本は、米軍の徹底的な爆撃で本土は完膚なきまでに破壊された状態でした。東京も大阪も都市としての機能を果たせず、もちろん経済もマヒ状態です。その状態の政府債務残高比をも上回るほど、今日の日本の政府債務が莫大な額だというのは衝撃的です。

しかも現在の日本経済は、世界第3位のＧＤＰを誇る経済大国です。その分母に対し、２３０％にも及ぶ政府債務残高の大きさは深刻と言うしかありません。

それだけの負債を返却することが、かなり困難なのは明らかです。市場が返済困難と判

図2　「公的債務」のいろいろな定義

①一般政府総債務……1279兆円（2016年度末実績）
〈内訳〉国債865兆円、地方債務188兆円、国庫短期証券115兆円、借入金76兆円など

②国と地方の長期債務残高……1107兆円（2018年度末見込み）
〈内訳〉国の公債残高883兆円、地方公債192兆円、借入金33兆円など

③国債および借入金現在高……1239兆円（2018年度末見込み）
〈内訳〉国の公債残高883兆円、政府短期証券198兆円、財投債94兆円、借入金58兆円など

断すれば、I章で説明したように国債価格は大きく下落することになります。この図を見れば、そのリスクが極めて高いことがわかるでしょう。

深刻な財政債務問題

■日本はかつて財政の超優等生だった

ここでちょっと細かくて恐縮ですが、政府債務の定義に触れます。「公的債務」にはいろいろな定義がありますが、図2の3つが主なものです。

本書内では、とくに断らない限り「一般政府総債務」の概念を用います。

日本の一般政府総債務は1279兆円（2016年

度末確定値）です。これはＧＤＰ（５３９・３兆円）比で、実に２３７・１％。この数字は、国際的にも突出しています。

図３の「世界主要国の財政赤字比較」を見てください。単年度ベースの財政収支のＧＤＰ比をグラフにしたものです。注目されるのは、１９９０年代初頭までは欧米主要国が軒並み財政赤字なのに、日本は唯一財政黒字を維持した超優等生だったことです。

次に図４の「政府債務残高対ＧＤＰ比の国際比較」を見てください。断然トップを走っているのが日本です。日本の政府債務残高のＧＤＰ比は２４０％近く、２０１５年に財政破綻した、あのギリシャでも２００％なのです。日本にも同様な危機が十分あり得ると言えます。

ＥＵが、マーストリヒト条約で通貨統合の条件に定めた「財政赤字はＧＤＰの３％以内、政府債務残高対ＧＤＰ比は60％以下」という基準があります。どちらの図を見ても、日本は１９９０年代初頭までこの基準を満たしており、国際的に見ても優等生だったことがわかります。

その超優等生だった日本が、90年代後半以降、急速に世界最悪の財政赤字国になった大きな要因は、Ｉ章で述べたように２つあります。

図3　世界主要国の財政赤字比較　1990年以降

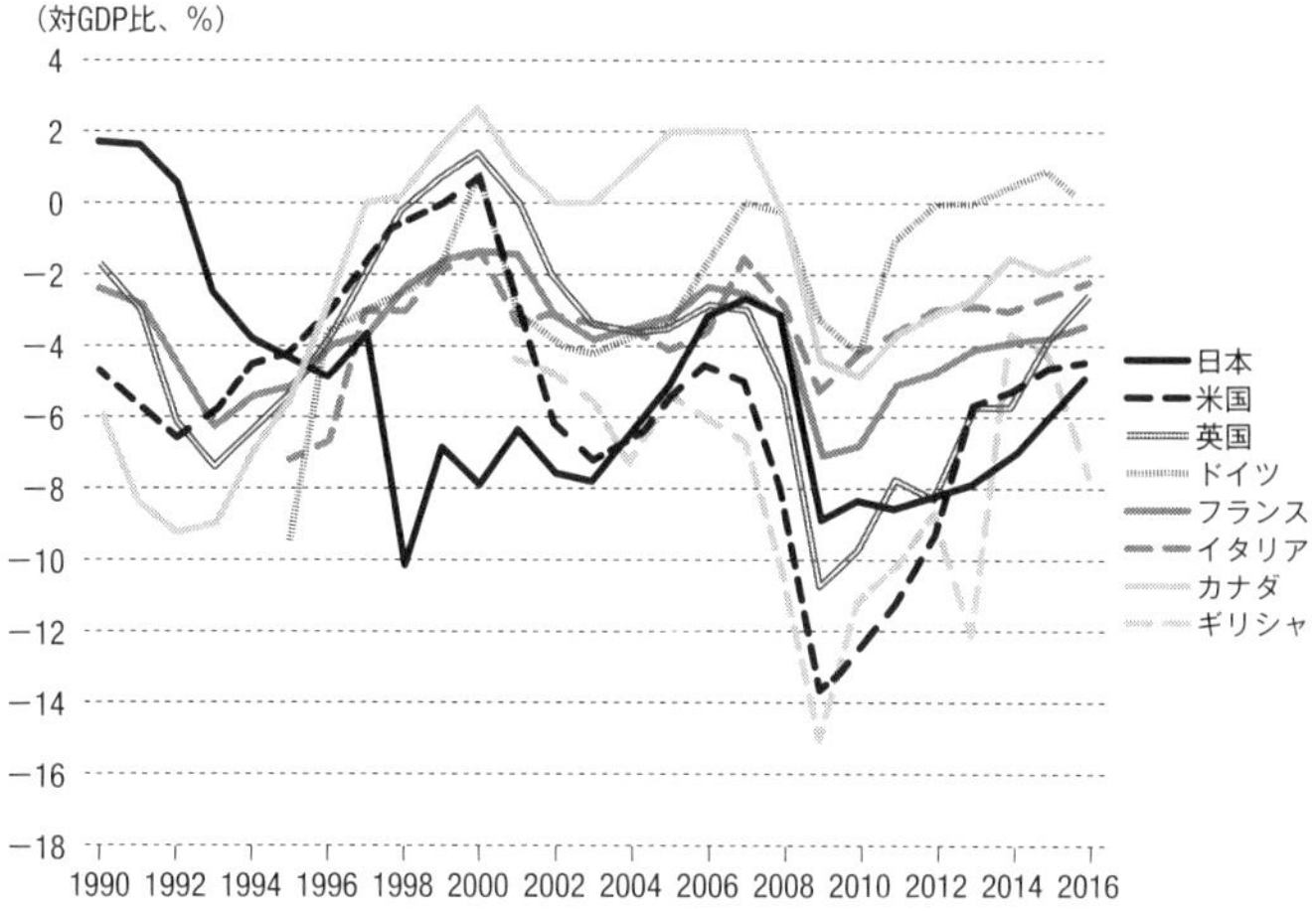

出典：OECD "Economic Outlook"（2016年11月）

図4　政府債務残高対GDP比の国際比較　1990年以降

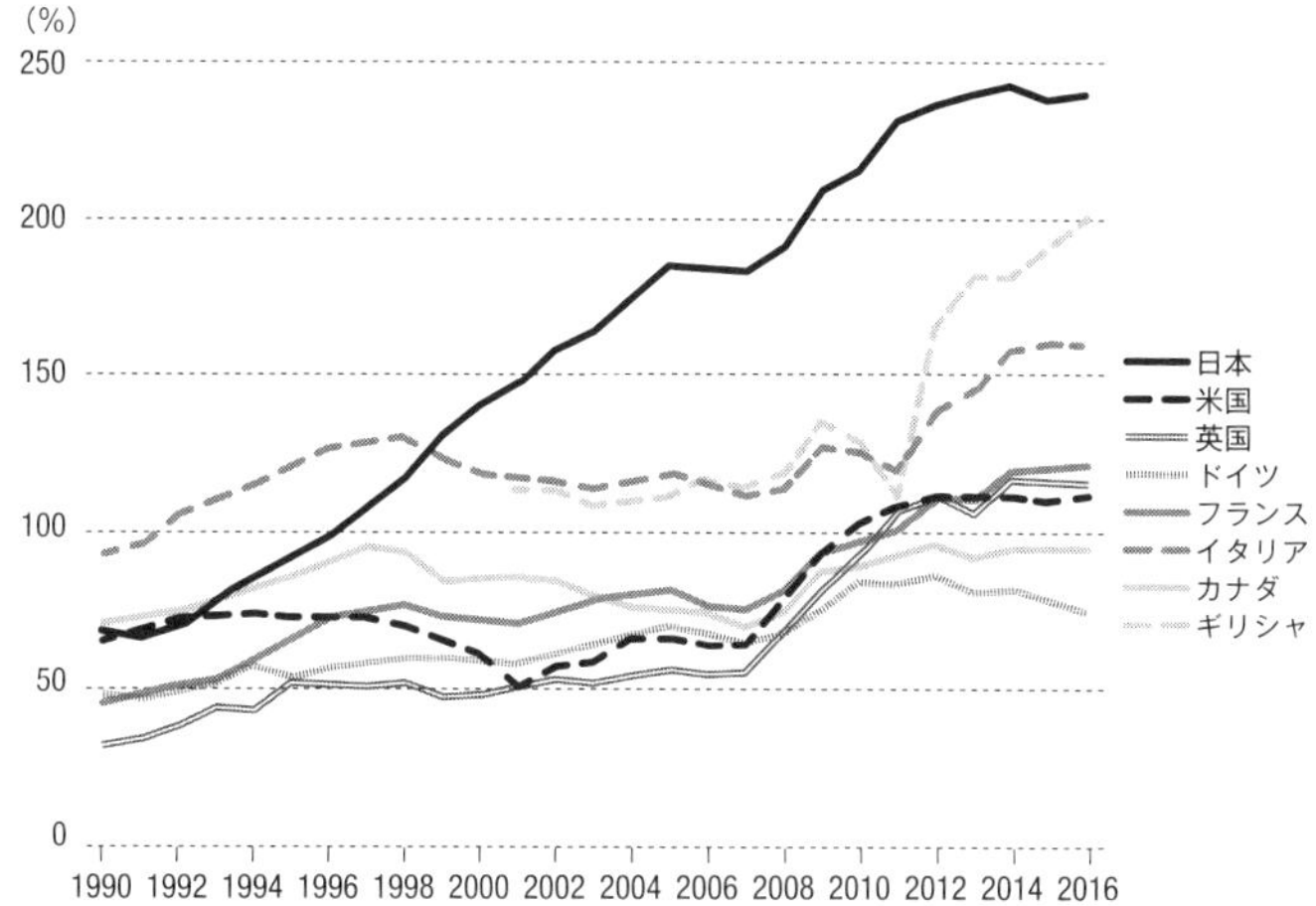

出典：OECD "Economic Outlook"（2016年11月）

1つ目は長期のデフレ、そして経済低迷の時代に入ったこと。2つ目は、高齢化が急速に進み、医療費、介護費、払うべき年金、つまり社会保障会計の給付額が増えたこと。しかし経済の低迷によって入ってくる社会保険料、つまり拠出額は増えず、赤字が急速に増大しました。

■国の支出は増えて収入は減り、「ワニの口」が広がる

この給付額と拠出額の差額の拡大は、「ワニの口」とも呼ばれます。図5を見てもわかるように、差額がどんどん広がっていくグラフの形状がちょうどワニの口のようだからです。

社会保障のワニの口が広がるということは、社会保障の赤字を埋めるために財政支出が増えることを意味します（図6）。当然ながら、財政面でも支出が増えて、それをまかなう税収が伸びないために、支出と収入の差が大きく広がっていきます。これを財政面での「ワニの口の拡大」ともいいます。

このような、社会保障と財政の二重の「ワニの口の拡大」のため、この時代に国債発行が急速に増えました。日本は1990年代後半から2000年代初頭にかけて急速に世界

図5　社会保障のワニの口の拡大

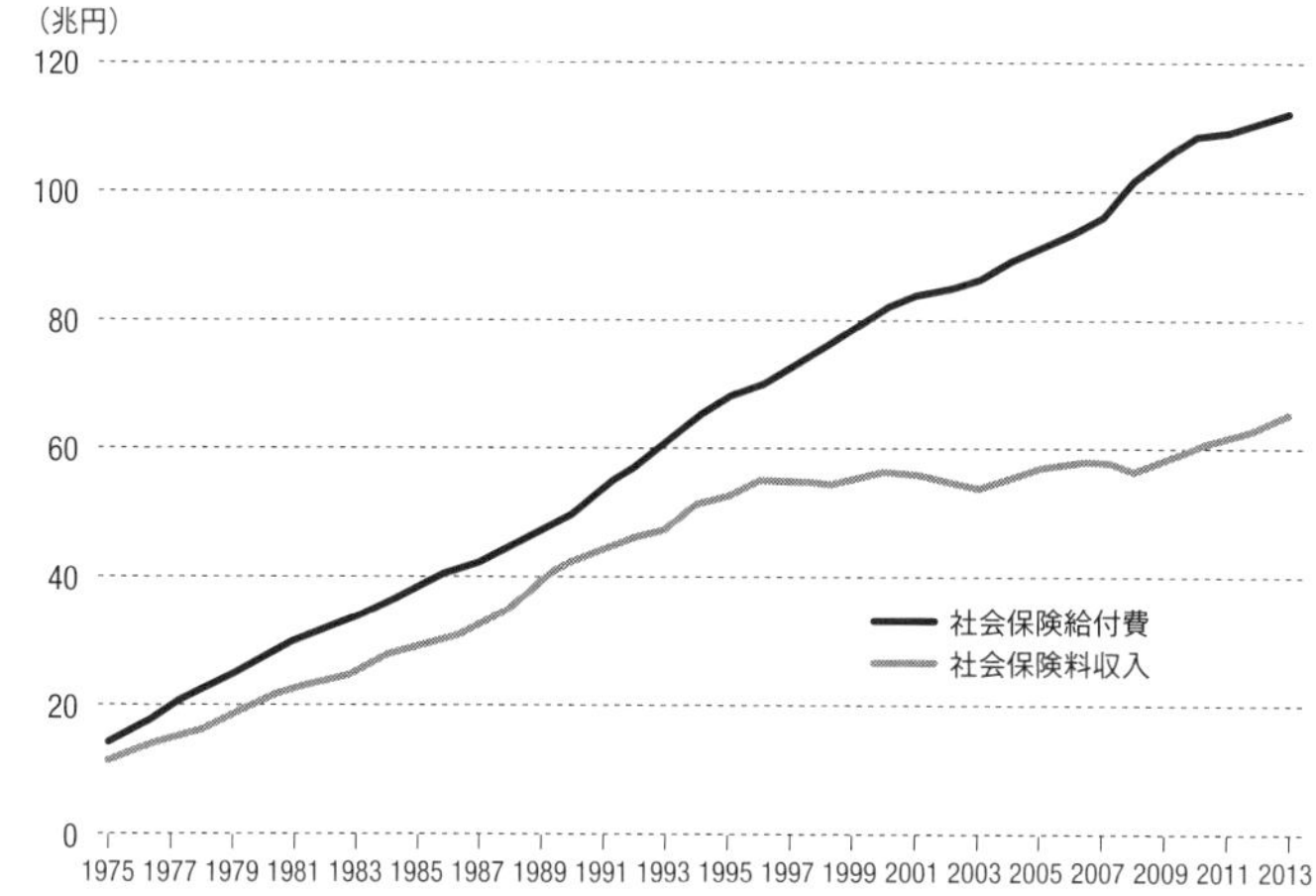

出典：国立社会保障・人口問題研究所「社会保障費用統計」

図6　財政のワニの口の拡大

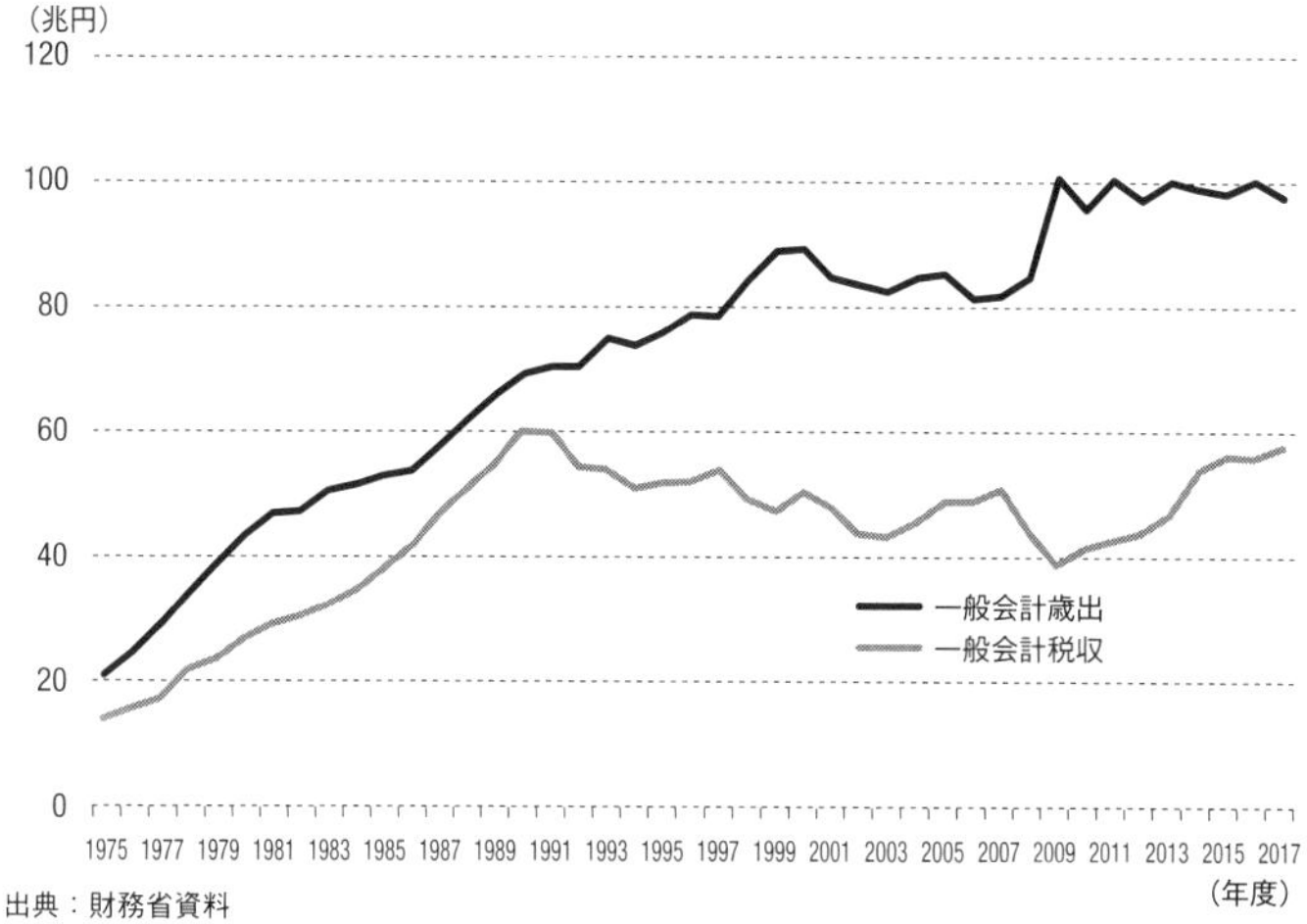

出典：財務省資料

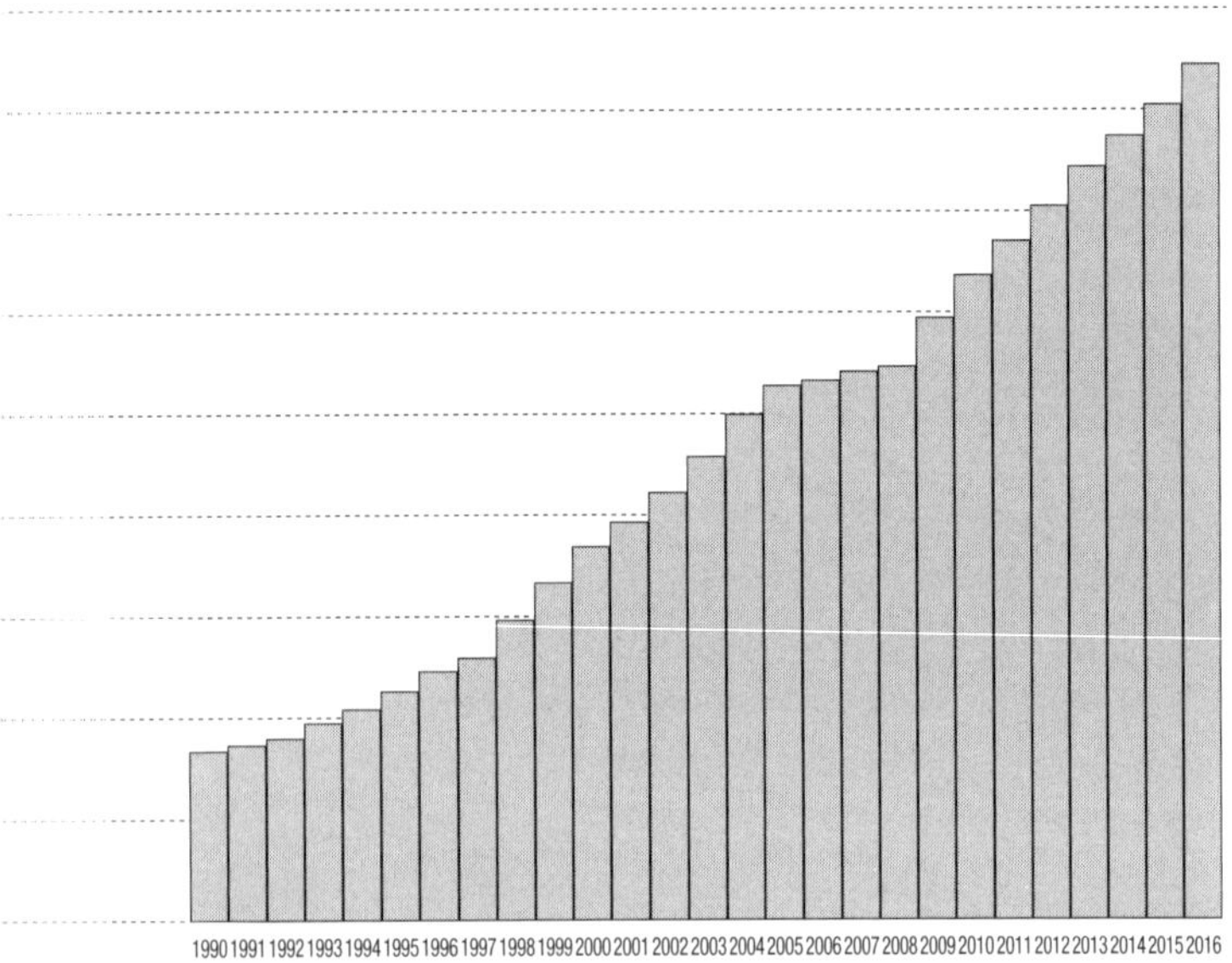

最悪の財政赤字国になったのです。

その結果、政府債務残高は加速度的に膨張することになりました（図7）。

■「2020年度に財政黒字化」が国際公約

このような事態を前にしても、政府は、財政再建目標を堅持するとしています。

安倍晋三内閣は、「経済・財政計画」（骨太2015）において、「基礎的財政収支」(primary balance) を202

図7　公債残高急増の趨勢

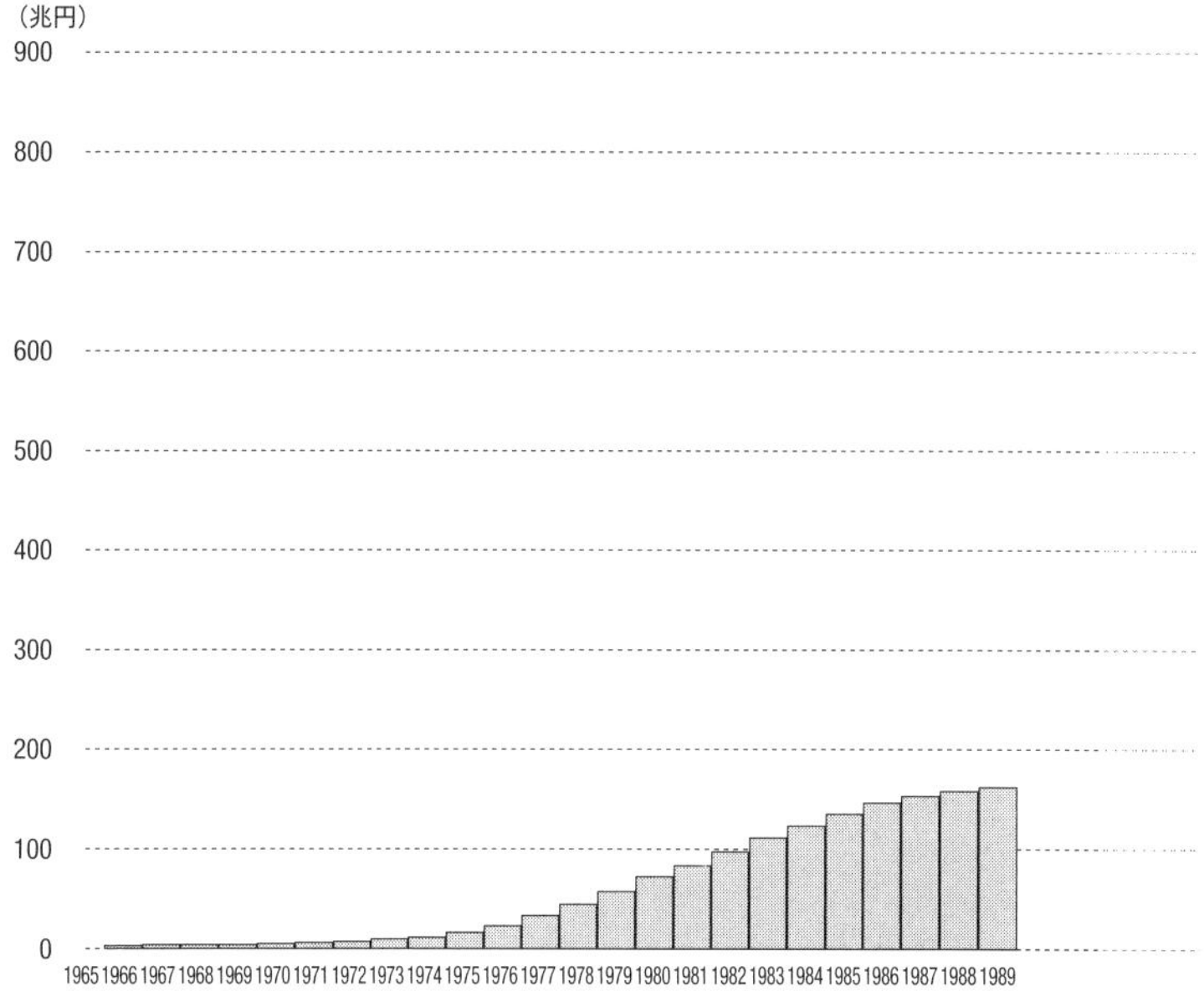

出典：財務省「我が国の税制の概要」

０年度に黒字化するとの目標を掲げました。

　これはもともと、「骨太２００９」にて当時の麻生太郎内閣が定めた目標です。その後、政権交代を経て２０１０年、当時の菅直人民主党内閣が、G20トロント・サミットにおいて、これを国際的に公約しました。

　その要旨は、２０１０年度当時の国・地方の基礎的財政収支の赤字（31・５兆円）の対ＧＤＰ比（マイナス６・３％）を、２０１５年度には半減し、2020年度には黒字にするというものです。

基礎的財政収支は、歳入（1年間の財政収入）総額と歳出（1年間の財政支出）総額の差額ではありません。歳入総額から政府の借金を除き、歳出総額から借金返済額を除いた、いわば純粋の財政収支です。

わかりやすく言えば、政府が国民に直接提供する財政サービスの総額と、税収など借金以外の収入の総額の差です。

たとえば、2017年度の財政で見てみましょう。国の一般会計の財政収支は歳入97・4兆円、歳出97・4兆円です。しかし、借金（公債金）34・4兆円以外の収入（税収）は63・1兆円、借金返済分（国債費）23・5兆円以外の歳出は73・9兆円。つまり基礎的財政収支は、この場合マイナス10・8兆円ということになります。

ただし、一般的に「国」の基礎的財政収支という場合には、一般会計だけでなく特別会計の収支や、国立美術館など国の事業を運営している法人の会計の収支も合わせます。特別会計とは、エネルギー対策など、国の行う特定の事業の歳入と歳出を、一般会計と区分して経理することで、お金の流れをわかりやすくするための会計のことです。

さらに、基礎的財政収支の目標は、国だけではなく各地方自治体も含め、国・地方全体の財政において達成するものとされています。

こうして特別会計や、地方自治体の財政も合わせた２０１７年度の国・地方の基礎的財政収支は、さらに赤字が増え、マイナス18・４兆円と算出されています（内閣府「中長期の経済財政に関する試算」、２０１７年７月）。

我が国の基礎的財政収支は、２０１５年度には対ＧＤＰ比マイナス３・０％（15・８兆円）となり、半減目標は達成されました。しかし、２０１７年度の国・地方の基礎的財政収支を見ると、赤字は増え、マイナス18・４兆円と後退していることになります。

■最新予測では２０２０年度黒字化は難しい

政府が国際公約とした、２０２０年度の基礎的財政収支を黒字にすること。

この公約は、野田佳彦内閣にも、自民党が政権復帰した後の安倍晋三内閣にもひきつがれました。

一方、政府で経済分析を担当している内閣府は、毎年、財政再建計画に従い、目標年次（２０２０年）までの基礎的財政収支の試算を発表しています。

第二次安倍内閣の2014年7月における試算では、比較的楽観的に考えた経済見通しシナリオ（これを「再生ケース」といいます）で、2020年には11兆円（GDP比マイナス1・8％）赤字と予想。

もっと実態に近い経済シナリオ（これを「参考ケース」といいます）では、16兆円（GDP比マイナス2・7％）の赤字を予想しています。

2017年1月の試算（再生ケース）でも、その後、債務削減の努力をしてきたにもかかわらず、歳出の持続的増大傾向のもとで、2020年度収支は8・3兆円の赤字と推測されています。

政府は「当初の財政再建目標は堅持する」としていますが、誰が見てもその目標達成が次第に難しくなっていることは否定しづらくなっています。最近では、政府関係者の中に、「そもそも財政収支の均衡を目指すことは意味がないのではないか」と唱える人も出てきているほどです。

■政府の財政健全化への決意が弱まってはいないか

2017年の「骨太の方針」（経済財政運営と改革の基本方針）に、新たな財政健全化指標として、基礎的財政収支に加えて「公債等残高のＧＤＰ比」を併記する方針が掲げられました。

これはどういうことかというと、分母のＧＤＰが増大すれば、それだけ財政健全化が進行していると解釈できる、という新指標です。

たしかに分母のＧＤＰが増えれば債務の比率は下がりますが、途中で尺度を変えるのは問題です。

新しい指標を打ち出して、財政問題の厳しさの印象を弱めようという意図が見え隠れします。政府債務のとめどない膨張を前にして、政府の財政健全化への決意が弱まってきているのではないかと勘繰ってしまいます。

２０１７年10月には総選挙が行われましたが、安倍首相は選挙実施の理由を、「２０１９年10月に予定されている消費税率の８％から10％への引き上げによる増収分を、これまで予定していたようにその５分の４を財政赤字削減のために使うのではなく、そのうち１・７兆円ほどを教育無償化など人材戦略の充実に振り向けたいので、国民の信を問うため」としました。

教育や社会保障の充実そのものはよいことですが、この方針変更によって財政再建がさらに遠のくことは確実です。

実際、消費税増収分を財政赤字補填に使わないという、新たな条件で計算された内閣府の「中長期の経済財政に関する試算」（2018年1月23日）では、財政の健全化（基礎的財政収支の黒字化）は、前年の試算より2年遅れて2027年になるとしています。

この試算だと、財政への影響はわずかであるという印象を与えますが、実は、この試算はかなり現実離れした、いわば超楽観的シナリオで描かれています。

たとえば、この試算では実質経済成長率が2019年の1・4％から2027年には2・1％へと上昇をつづける前提になっていますが、これは経済の生産性がよほど高まらないと実現できない数字で、大方の潜在成長率の推計から見てもかけ離れています。

労働参加率も同様に、今後10年間で女性は76％から88％へ、男性高齢者は55％から70％へと上昇するということが前提とされています。たしかに近年、中年女性の労働参加率は高まりましたが、いわゆるM字形の谷の部分がすでに底上げされたので、多くの専門家は今後のかさ上げは難しいと見ています。

さらに、税収は2018年の59兆円から、2027年には83・8兆円に増えるという前提になっています。

以上の数字で明らかなように、この試算は「改革が成功する」という楽観的シナリオです。内閣府は「ベースライン」という、もっと現実的なシナリオも併せて発表しています。そちらでは2027年でも7・9兆円の赤字となり、財政健全化は困難となります。高齢化のさらなる進展を考えると、ベースラインシナリオすら達成できない可能性があるでしょう。

国の借金が全家庭の貯蓄額を超える日

■公債を発行できなくなる危機

このように財政債務の持続的、かつ加速度的増大傾向が懸念される中、大変気になる現象が見えてきています。それは一般政府の財政債務総額がますます増えて、遠からず、国民純貯蓄（金融資産）総額を超えそうだという現象です。かんたんに言えば、国の借金総

図8　一般政府総債務と家計純金融資産総額の接近と逆転の可能性

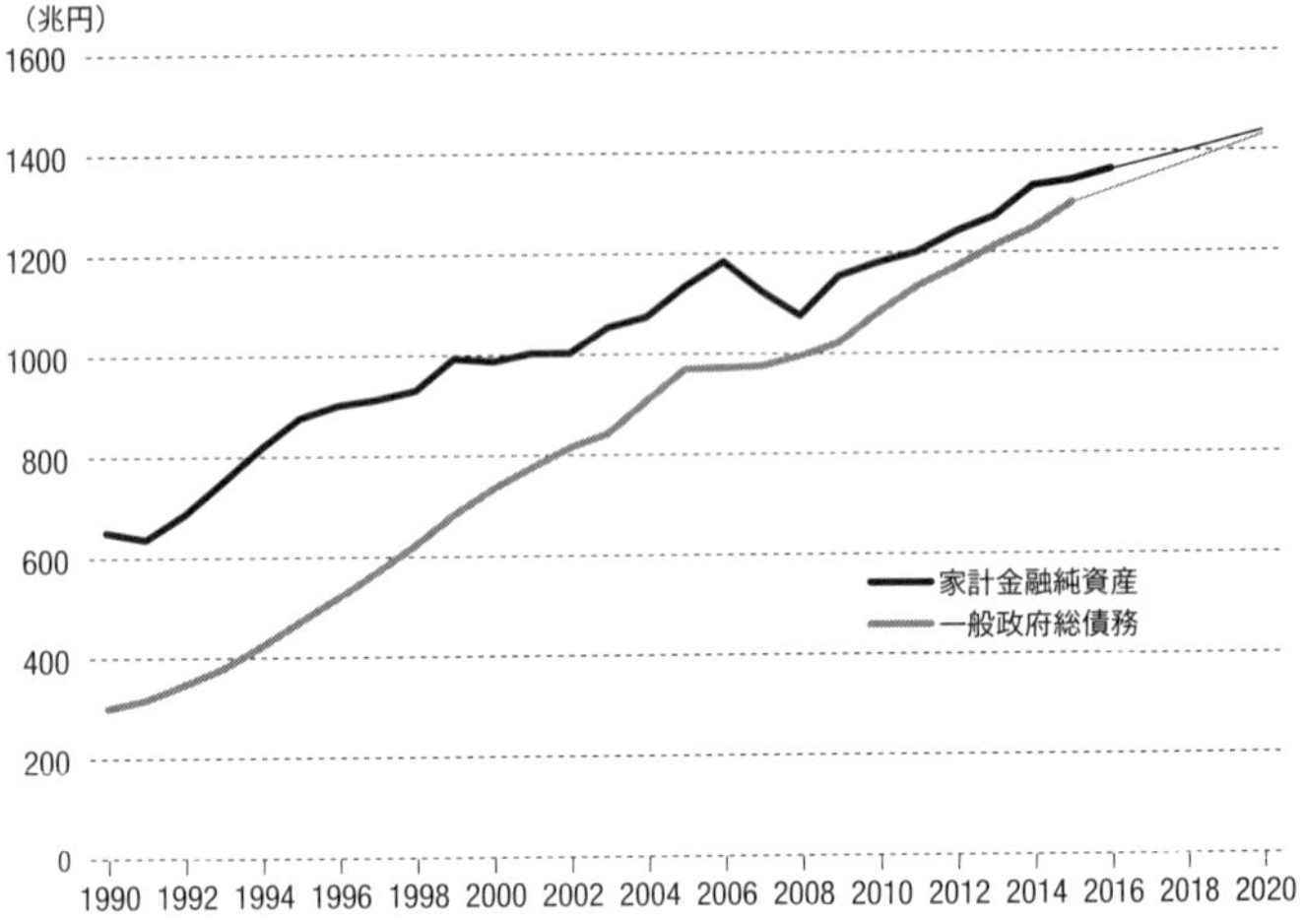

出典：日本銀行「資金循環統計」、年度末の値

額が、日本全世帯の総貯蓄額を超えてしまうということです。

図8を見てみましょう。

一般政府総債務と家計純金融資産総額が、年を追うごとに接近してきているのがわかると思います。このまま行けば、今後10～15年くらいのうちに、この関係が逆転することを示唆しています。

ここで政府債務については「総債務」を用い、家計の貯蓄もしくは資産については「純貯蓄もしくは純金融資産」を用いる理由を説明しましょう。

まず、政府の負債について「政府は負債と同時に資産を持っているのだから、政府資産を差し引いた純負債で計算すべき」という意見もあります。しかし、政府が保有する資産の大部分は道路やインフラ施設など物的資産です。また、金融資産であっても、社会保障基金などのように、社会保障制度を維持する限り、にわかに売却・換金のできないものが多いのです。そのため、総負債ではかることが適切だと考えます。

他方、家計の資産については、家計の多くは借金や保険などの負債があり、これらは公債を買う原資にはならないので、純資産ないし純貯蓄ではかることが適切です。

政府債務が急速に増大している一方で、家計貯蓄がマクロで増えていないことは、図9で示されるように、家計の貯蓄率が近年明らかに低下傾向にあることからも説明できます。

図9は1990年代の中頃から最近までの、家計貯蓄率の変化を表したデータです。この20年弱の期間で家計貯蓄率は10%からゼロ前後にまで急落しています。その背景には、高齢化によって貯蓄取り崩し世代が増加していること、消費者金融やクレジットカードの普及で貯蓄の必要性が低下していること、また貯蓄の少ない不完全就業者（短時間就業者や不安定雇用の人々）や低所得者の増加などがあるでしょう。

現在（2016年度末）1279兆円の一般政府総債務残高がますます急速に増えてい

■ 図9　家計貯蓄率の減少傾向 ■

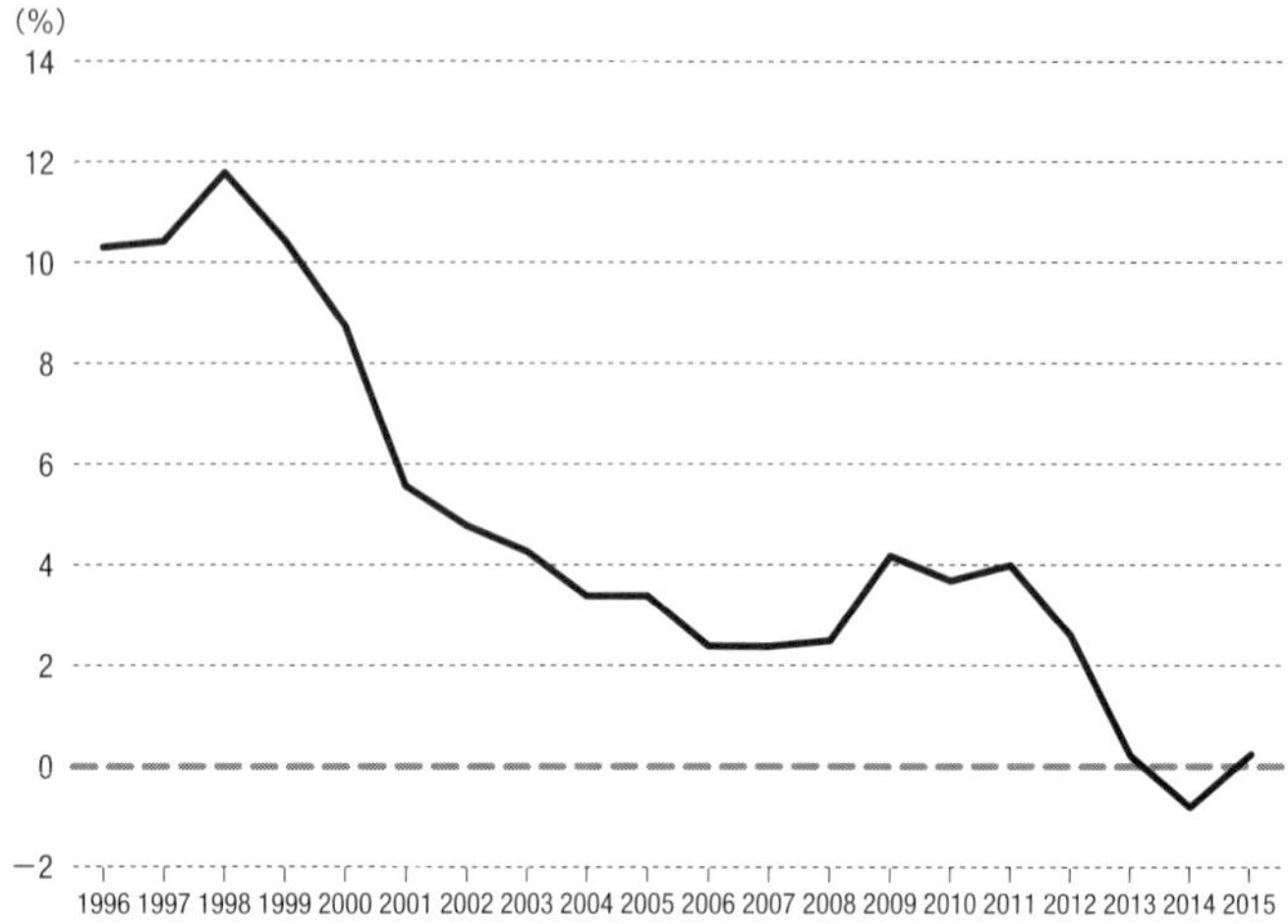

出典：内閣府「国民経済計算」

き、他方、現在（2016年度末）1363兆円の家計純金融資産残高の伸びは鈍化しているのがわかります。

なぜ、この傾向が問題なのでしょうか。政府の総債務が、家計の純金融資産総額を上回ると、政府の借金である公債を新たに発行することが困難になるからです。

政府が発行する公債を買うのはまず銀行など民間の金融機関などです。そして、これらの金融機関に資金を預けているのは国民、つまり家計であり、家計の純貯蓄もしくは純金融資産がその原資になっています。

その原資が政府の総債務より少なくな

ってしまえば、公債を買う原資が不足してしまうので、新たに公債を発行することができなくなる。すると新規国債を発行して予算を編成している政府が国債を発行できない。つまり、予算を編成できないという危機的状況に陥る――このような事態が想定されるのです。

■日本国債の値段が高値をつづけるカラクリとは

一般政府総債務が家計金融純資産総額を超え、政府が新規に公債を発行できず、予算編成にも支障が出る――。本当にそういうことが起きるのでしょうか。

実はどの国の経済も、世界経済の中で活動しているので、日本国内で国債を新たに買う原資が不足した場合、海外の投資家に買ってもらうことは当然できます。海外との貿易や投資などの取引の結果を表す経常収支が黒字である場合には、国内の原資が不足しても海外の資金で公債を購入してもらうことは可能です。

しかし、その場合、これまで国内で消化されていたのと同様の条件で消化されるかどうかは、不確実になる可能性が高いと思われます。これまでは日本の経常収支は黒字ですが、赤字になるおそれは高まっています。赤字になれば、これまでと同様の条件で買ってもらうのは当然難しいでしょう。

ところが、現実には日本の国債の値段はそうした懸念とは逆の動きをしています。国債は高値で取引されており、したがって利回りはゼロ%近辺という極めて低い水準になっています。それはなぜでしょうか。

その最大の理由は、日銀がこれまで発行された国債を「異次元金融緩和」のモットーのもとで大量に買い付けているため、市場の実勢とはかけはなれた「官製の日銀相場」が形成されているからです。

現在は外国の投資家が購入した日本国債は総額の約10%でとどまっているので、まだよいのですが、今後もっと多くの外国の投資家に日本国債を買ってもらうことになると、事情は違ってきます。借金返済能力に疑念の持たれる国債に対しては、日銀の異次元緩和の結果、人為的に維持されている相場とは異なる、実勢の相場が求められることになるでしょう。

さらに、日本にとって事態を一層深刻にする問題が迫ってきています。

日本はさらなる高齢化社会へ

■2025年、「団塊の世代」がすべて75歳以上に

図10を見ると、75歳以上人口が現在から2025～27年頃にかけて、急速に増加することが示されています。戦後の年齢階層別人口構造の中でもとくに数の多い、いわゆる「団塊の世代」が、2025年にはすべて75歳以上になるのです。

70代後半からは、医療費などの社会保障費が格段に増えます。

75歳以上人口は65～74歳層にくらべ、医療費で約4倍、介護費で約9倍の支出を要するという試算があります。75歳以上人口の増加によって、2012年度から2025年度にかけて、社会保障給付総額は109・5兆円→148・9兆円、なんと1・36倍に増加すると見込まれているのです。

さらに2025年を過ぎると、医療費を含む社会保障給付費がとりわけ大きく増加し、一般政府債務を大きく膨張させることになるでしょう。

■ 図10　これからの高齢化の進行 ■

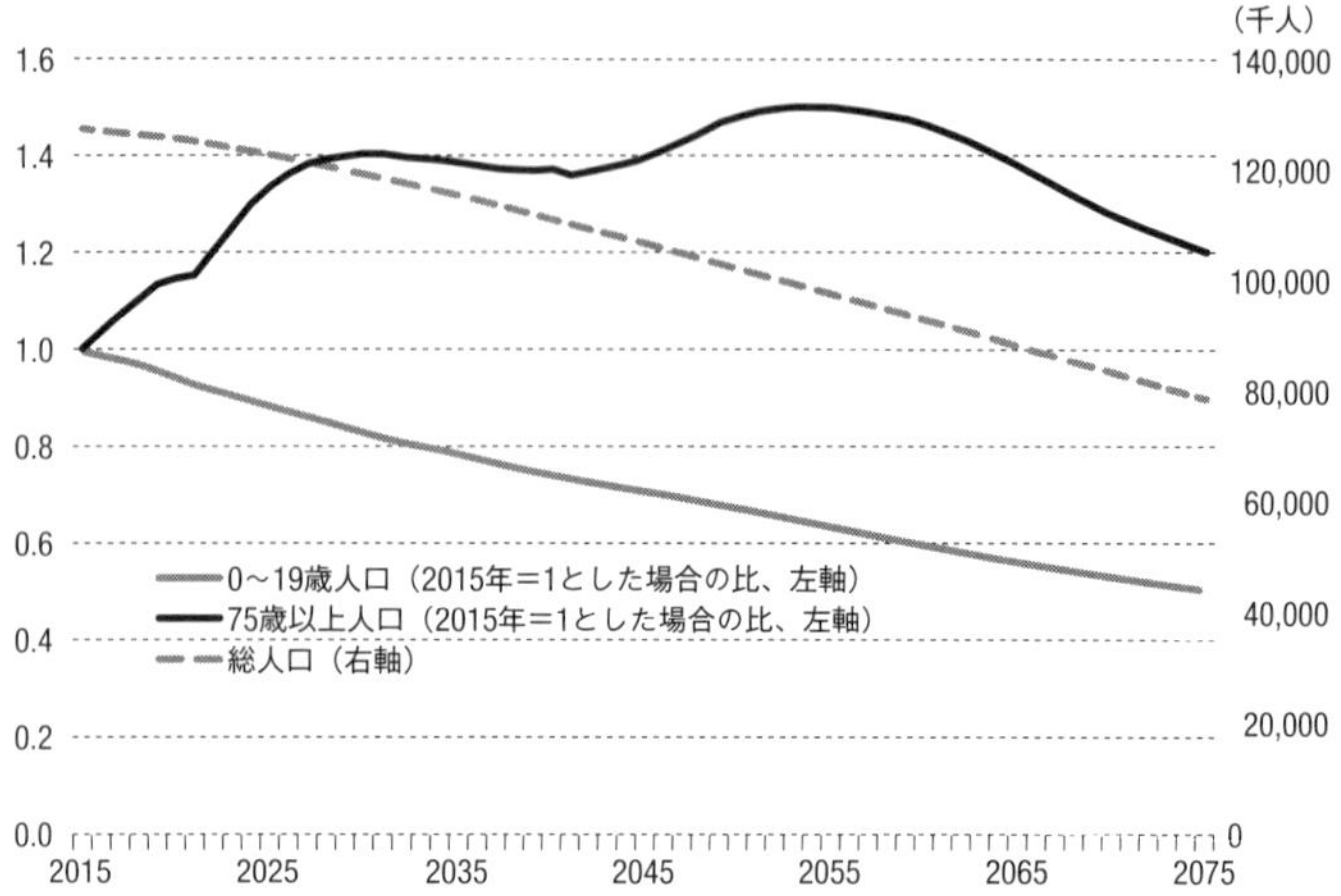

出典：国立社会保障・人口問題研究所「日本の将来推計人口（平成29年1月推計）」（出生・死亡中位）

高齢者人口の増加が一段と進む中で、政府の財政赤字の累積が加速し、他方では国債発行をまかなう国民の貯蓄が増えないという危機的状況になります。すると、なんらかのショックで、財政破綻から経済破綻、ひいては国家破綻に陥る引き金（トリガー）が引かれる可能性があります。財政と社会保障の抜本的な改革がなければ、２０３０年前後にはその悪夢が現実になるおそれがあるのです。

では、いったい何がトリガーになるのでしょうか？

財政破綻の引き金

■国家破綻を引き起こす4つのトリガー

このような危険な財政状態で、財政破綻を誘引する「トリガー」はいくつか考えられます。

トリガー1　財政債務が国民純貯蓄を上回る状態

政府の総債務が増加し家計の金融資産を上回ると、国内で国債を消化する余力がなくなります。国債の消化余力がなくなれば、国債価格が適正に決定されず、価格が急落する可能性があります。そうなると財政危機を引き起こすトリガーとなります。

トリガー2　経常収支赤字の定着と円安

経常収支赤字が定着すると、国内で国債をファイナンスしきれないのではという懸念が高まります。その場合、海外投資家に買ってもらおうという期待が高まりますが、海外投資家は日本国債の価値を、日銀の異次元緩和で人為的に維持されている水準よりはるかに低く評価する可能性が高く、金利上昇圧力がかかります。

そうなると債務危機が引き起こされるのではないかという予想が市場関係者の間で形成され、それが財政危機のトリガーとなるおそれがあります。

トリガー3　ハゲタカ

投機家が日本国債は下落すると読めば、先物市場で大量売りをしかけ、相場のさらなる下落をしかけます。そして、皆が売るのを待って底値で買い戻して儲けようとします。

これまで大小のヘッジファンドなどが、何度も日本国債を空売りして儲けを狙いましたが失敗してきました。しかし、今まで見てきたような危機的状態が深まれば、彼らのハゲタカ的行動がトリガーになることはあり得ます。

トリガー4　その他、戦争、自然災害、政治的混乱

怖いのは自然災害です。東日本大震災並みの大地震、懸念される南海トラフ大地震など

が起きれば、地震そのものの被害よりも、それがきっかけになって引き起こされる経済の破綻による被害の方がはるかに大きくなるおそれがあります。

戦争も同様です。ミサイルを撃ち込まれた場合なども、当然のことながら、トリガーになります。また、実際に外国でたびたびあることですが、政治的混乱もトリガーとなり得ます。これはまた後で紹介しましょう。

Part
III

経済が破綻するとどうなるか

敗戦直後の日本の経験

■現在の国債発行額は毎年約160兆円

何らかのトリガーで、国債価格が急落もしくは暴落したとします。すると、国債の利回りが急騰し、連動して市場金利も急騰します。

そうなると、政府の資金調達は難しくなります。政府は現在、国債を毎年150兆〜160兆円ほど発行しています。そのうち30兆〜40兆円は新規国債、100兆〜120兆円ほどは借換債です。

借換債とはなんでしょうか？　国債はほとんどが10年満期です。10年経つと一旦返さなければなりません。満期がきても償還せずに、再び借り換えるために発行されるのが借換債です。それをトータルで、毎年１００兆円以上行っているわけです。その結果、ようやく日本政府は予算編成ができるのです。

国債価格が暴落すると利回りが高騰して、こうした１００兆円以上もの国債発行による資金調達は困難になり、当然政府の予算編成も難しくなります。

こうして国全体の経済活動が休止に追い込まれ、経済が破綻し、国家が破綻する。そして国民生活は困窮することになるのです。

■戦後日本で起こった、国民の資産を没収する強行策

日本は、こうした財政破綻から経済破綻へという、もっとも深刻な経験を70年前、すなわち太平洋戦争の敗戦直後に体験していると前述しました。

当時何が起き、何が行われたかを詳しく振り返ってみましょう。

１９４６年2月16日、「金融緊急措置令」と「日本銀行券預入令」という法令が告示さ

れました。これは、簡潔に言うと5円以上の旧銀行券（現金）を、すべて銀行など民間金融機関に預けさせ、預金を封鎖する。そのうえで、生活や事業に必要な分だけを新銀行券で引き出せるようにするという法令でした。

実際に引き出せたのは、1カ月に世帯主が300円、各世帯員が100円でした。これは、当時の標準世帯の食費、つまり最小限のカロリー摂取に必要な額を月額237円と推測したからです。

当時の渋沢敬三大蔵大臣は、「これは悪性インフレの病気を治すため」だとして、国民の理解を求めました。しかし、実は本音は別のところにあったのです。

その1カ月後の3月には、さらに「新円切り替え」が行われました。これは、「その日以降旧円は使えない」という法令です。銀行に預け入れていた旧円は、引き出すと新円になるのでよいのですが、銀行に預けなかったいわゆる「タンス預金」はただの紙くずとなってしまったのです。これが渋沢の真の狙いでした。

さらに「財産税」というものを課しました。これは、3月3日の時点で国内に在住する個人を対象に、一定額を超える財産を持つ国民に対しての1回限りの特別税でした。対象になる財産とは、預貯金、株などの金融資産はもちろんのこと、宅地、家など不動産もです。

たとえば、１５００万円超の財産には90％もの税がかけられたのです。実質、富裕層の資産はほぼすべて没収というひどい税金でした。渋沢はこうした一連の施策をかなり強行に推し進め、日本の経済を再建したのでした。

政府には、戦争中に国民が提供した資金などに対する債務を補償する「戦時補償」という義務がありました。そこで、債務については一旦補償するものの、同額を税金でとって実質は「チャラ」にするという手段を用いました。

財産税で国民の金融資産を吸い上げ、国の債務を削減する、国債の償還に充てるというものです。破綻国になってしまえば世界から相手にされなくなってしまうという危惧があったとはいえ、日本政府のやり方は、実に徹底的でした。

日本の敗戦直後の財政・経済破綻は、世界史の中でもまれに見る深刻な経験だと思いますが、実はそうした財政・経済破綻の例は世界では珍しくありません。主な事例だけでも10年もしくは数年おきに発生しています。諸国の事例を見てみましょう。

図11　世界各国で近年起きた経済破綻

2017年	ベネズエラ
2001年	アルゼンチン
1998年	パキスタン、ロシア
1985年	南アフリカ
1983年	フィリピン、ブラジル
1982年	メキシコ
1978年	トルコ
1939年	中国
1930年	ドイツ

近年の各国の経験

■国民の預金を国債に転換したアルゼンチン

図11でわかるように、経済破綻は数年から10年に一度くらいの頻度で、世界各地で起きており、決して珍しいことではないのです。

そうした各国の財政破綻の経験を、3カ国の例から見てみましょう。

もともと財政状態がよくなかったアルゼンチンは、1998年以降、ロシアデフォルトの世界的影響もあり、実質経済成長率がマイナスになりました。財政再建のための増税が逆効果となり、悪循環の引き金になったのです。

２００１年夏、金利高騰からついに国債による資金調達を断念。失業率は18%となりました。巨額の公的債務を抱えて経済危機に陥り、インフレ圧力に耐えられず政府は01年12月、預金封鎖を突如実施したのです。

預金封鎖で国民の不満は爆発し、経済暴動が起きました。暴徒が商店を襲撃し、略奪が横行し、あちこちで経営者が自殺してしまいます。

当時のデラルア大統領は辞任。政府はデフォルト、つまり対外債務の支払い停止を発表し、その後も混乱はつづきました。

02年6月、政府は銀行預金凍結措置を段階的に解除したものの、預金を最長10年満期の国債に転換したのです。国民の不満はさらに高まり、物々交換マーケットも発生しました。

■ブラジルのレアルプランは世界史的業績

ブラジルは１９７０年代前半には繁栄しており、年率10%という高度成長期でした。国内への投資ブームが起きていました。ところが、73年のオイルショック以降暗転します。アラブに石油の輸入を依存していたため、インフレが加速。80年代のインフレ年率は、なんと100%にも達してしまいました。南米債務危機の引き金となったのです。

ブラジルは、60年代後半からずっと軍事政権でした。すぐれた経済学者などを登用して画期的なインフラ整備計画を打ち出していたのですが、オイルショック後の逆風の中で、85年から民政に移管されました。民政になると、国民からの人気を気にするポピュリスト大統領がつづき、「大衆バラマキ型」社会政策を採ったのです。

60年代の軍政時代に導入されたインデクセーション（インフレの影響を中立化するため、物価、賃金などを同率に調整する制度）の影響で、過去のインフレが将来のインフレの下限を決めることになり、インフレが加速しました。

90年代前半にはインフレは3桁から、とうとう4桁にまで昂進してしまいました。86年から94年まで、1000分の1のデノミネーションを4回も行っています。

この危機を克服するため、95年から2002年まで大統領を務めたフェルナンド・エンリケ・カルドーゾは、レアルプランという政策を実施しました。

レアルプランとは、米国ドルと等価のインデックス通貨「URV」を導入し、第二通貨として国民に親しませたうえで、Xデイをさだめて旧通貨を廃止、直ちにURVと等価のレアルを発行するというもので、見事にインフレを沈静化させました。カルドーゾ大統領のレアルプランは、超インフレ克服の世界史的業績と評価されています。

■平均寿命まで低下させたロシアの経済危機

ロシアの多重危機は、世界的に見てもっとも深刻な経験と言えるでしょう。ハイパーインフレ、デノミ、預金封鎖などがすべて起きました。

ロシアは1990年代、旧ソ連邦の崩壊から新生ロシアの建国へという激動の時期でした。ゴルバチョフ総書記によるペレストロイカ、その一環である情報公開政策グラスノスチを掲げた体制大改革が、かえって国内の混乱を増幅したのです。

91年、ソ連邦は解体。社会民主主義志向のゴルバチョフに代わって、資本主義志向ですが資本主義市場経済への理解のないイェルツィンが大統領に就任しました。彼は、国民にバウチャー（引換券）で国家資産を獲得させるなど無謀な政策を実施。経済混乱が極まり、国家破産の第一波を起こしたのです。91年から3年ほど、年間7000％というハイパーインフレが起きました。

第二波は、94年に行われた突然のデノミネーションです。自国通貨の価値を突然1000分の1にするという強行策でした。つまり、ほとんどの国民の金融資産の価値はなくなってしまったのです。

第三波は予想外でした。95年から景気回復し、銀行も落ち着き、株価も金利も上昇。ほとんどの国民はホッと安心し、金融危機のために金に換えておいたり、海外ファンドに預けていた資産をルーブルに戻し、国内銀行に預け直していました。

その状態で、98年ロシア国債のデフォルトが起こったのです。ロシア国債は紙切れとなり、預金封鎖が実施されました。国民の貸金庫の財産まで没収されました。ロシア国民は、三度の大津波で財産の大半を失ったのです。

深刻な経済危機の中で、経済が機能不全に陥り、国民所得が途上国並みに激減しました。

この暗黒の90年代には、ロシア国民の平均寿命まで低下したのです。その混乱の中で台頭した、ウラジーミル・プーチンが２０００年に大統領に就任し実権を掌握。ロシアの再興に取り組むことになったのでした。

現代日本ではどうなる？

■過酷な体験を現代の日本人は乗り越えられるか

70年前、敗戦直後の日本の財政・経済危機対応の経験は、世界史の中でも、おそらくもっとも深刻かつ残酷な経験と言えるでしょう。

「預金封鎖」「新円切り替え」「財産税」などによって、富裕層から一般庶民にいたるまで、国民の金融資産はことごとく政府の負債圧縮のために収奪され、国民はおよそすべての金融資産を政策によって失ったのです。

日本の国民は、このような最悪の暴力的収奪に耐えました。太平洋戦争の惨敗によって日本はすべての海外資産や利権を失い、日本列島の都市部は米軍の執拗な爆撃によって完膚なきまでに破壊されました。一般市民と軍人を合わせて310万人以上が生命を奪われたという状況の中で、金融資産を喪失させられたことは、相対的に見ればあきらめることができた事象だったのかもしれません。

しかし、現代日本の総債務額は、GDP比であの戦後の悲惨な経済状況における債務をはるかに凌駕しているのです。

戦争直後の焦土で大半の国民が被災者になっていた状況に対し、今日の豊かな社会だからこそ経済破綻の衝撃は大きいはずです。突然すべての金融資産を失う衝撃と悲惨さは、当時とは比較にならないでしょう。

阪神・淡路大震災や東日本大震災などの災害でも孤独な被災者の自殺が相次ぎましたが、このような経済破綻・国家破綻のショックで悲嘆にくれる多くの人々が最悪の選択をする可能性もあります。豊かな社会を襲う極端な悲劇によるショックで、数十万、数百万のそうした犠牲者が出るかもしれません。

では、こうした可能性がある中で、政府はどのような対応をしようとしているのでしょうか。政策推進の経緯を振り返って、事実を確認していきましょう。

Part IV

なぜ本格的対応がとられないのか

アベノミクスの功罪

■長期デフレ脱却という目標はすばらしかった

第二次安倍政権が誕生してほどなく、菅義偉官房長官が、私が主催する経営者の勉強会に来られたことがあります。その時、菅長官はこう話されました。

「日本はこれまで長い間、デフレで沈滞した期間を過ごしました。『失われた20年』と言われます。デフレがつづくので人々は消費を控え、企業は投資に踏み切れませんでした。

その結果、経済が20年間も停滞した暗い時代でした。その間、政治は何をしていたのか。

これまで、我々は、『財政は財務省まかせ、金融は日銀まかせ』ではなかったか。これからは政治が立ち上がって日本経済を救わねばならない、と私たちは考え、長期デフレの脱却を安倍政権の第一の目標に掲げて邁進する覚悟です」

実際に、デフレがつづくと消費と投資が沈滞し、経済は停滞します。私たちが詳しく見てきたように、財政債務の膨張は1990年代から加速しています。

高齢化で社会保障給付が増え、デフレで賃金は増えません。すると、賃金に連動する社会保険料の収入が増えないので、社会保障会計の赤字が拡大します。先ほども見たように「ワニの口」はどんどん広がるばかりです（45ページ図5）。

すると当然財政赤字の「ワニの口」も広がり（同・図6）、それをまかなうために公債発行による政府の借金が増えたという流れでした。

安倍政権がデフレ脱却を最大の目標に掲げて経済政策を推進しようと考えたのは、近づいてくる危機を避ける、もしくは克服するためにも正しい選択だったと言えます。

安倍政権のスタートはすばらしかったと思います。しかし、途中からおかしくなってしまいました。これについては、後述いたします。

安倍政権が打ち出したのが、「アベノミクス」です。2012年末から5年間、日本の経済政策は「アベノミクス」の枠組みで展開されてきました。

「アベノミクス」は、3本の矢で構成されました。

第一の矢：金融政策
第二の矢：財政政策
第三の矢：成長戦略

第一の矢：金融政策――〝異次元金融緩和〟の成果と課題

■大量のベースマネーで市場の期待感を変える

デフレ脱却実現のための力点、第一の矢は「金融政策」です。

異次元金融緩和によって大量のベースマネーを供給し、市場の期待感を変える策を打ち出しました。２０１４年4月に日銀は、「消費者物価の前年比上昇率２％程度という安定的インフレを、今後2年以内にできるだけ早く実現する」としたのです。日銀総裁である黒田東彦《はるひこ》氏の名前から〝クロダノミクス〟とも呼ばれます。

ここで、「ベースマネー」という概念について説明しましょう。

金融とは、民間企業などにお金を貸して生産や投資などの企業活動を活発にしてもらうことです。これを、「貨幣供給」または「マネーサプライ」と言います。マネーサプライは、企業などが資金を借りようとする「資金需要」があってはじめて提供されます。

ところが、最近のように企業の資金需要がなかなか高まらず、金利も低い時は、マネーサプライは増えません。かといって、すでに金利は低いわけですから、資金需要を高めるために、さらに金利を下げて借りやすくすることもできないのです。

そこで政策として中央銀行が公債などの金融資産を買うのです。中央銀行はその代金を支払わなければならないため、資金需要がなくても、金利が低くても、その代金分を経済に提供することができます。これをベースマネーと言います。そのベースマネーのストックを「マネタリーベース」とも言います。

■金を市場に出さず、日銀に預けてしまう金融機関

銀行などの金融機関は、政府が発行した国債を買いますが、最近は日銀がそれらの金融機関から、大量に国債を買い付けています。そして金融機関は日銀に売った代金の多くを日銀に当座預金として預けてしまうのです。なぜでしょうか。

一般に貸し付ければ経済も活性化するはずですが、民間によい投資案件や貸付先がなかなかなく、金利も低いから利ざやも少ないという判断なのか、貸し出しにあまり尽力しないのです。

金融資産を売って得たお金を日銀の当座預金に預ければ、金利はわずかでも預ける額が兆の単位ですので、メガバンクであれば年に数百億円は利子がつくことになります。日銀の当座預金は、２０１７年11月時点で、約３６０兆円貯まっているのです。

せっかくマネーサプライを行っても、これではお金が市場に出て行かず経済も活性化しません。

ともかく、日銀は２０１３年春から２年間、ベースマネーを１３０兆円ほど供給し、マ

ネタリーベースの残高は270兆円まで増加しました。

この〝クロダノミクス〟には一定の成果がありました。まず、株価が大幅に上がったことです。2012年11月の東証平均株価は8000円だったのですが、2013年以降は2万円台を維持しており、2017年秋には、世界経済の好転を背景に、2万3000円台まで上昇しています。

2013年春以降、ベースマネーが増えることを見越して、海外の投資家が円を大量に先売りし、円が安くなりました。そのため輸出企業の収益が大幅に増えると見込んだ海外投資家が、日本株に投資し、株価が急上昇して、企業の利益も増大したことが背景にあります。この結果、産業界に活力が戻りました。この面ではアベノミクスは成功だったと言えます。

■株価は上がったが「インフレ期待」は醸成できず

しかし株価は上がったものの、課題は残っています。

本来、「第一の矢」を射た狙いは、国民の期待感を「デフレ」から「インフレ」に変えることでした。デフレ期待があると、「将来値段が下がるかもしれないから今は買わない」

として、人々はお金を使いません。消費が行われないのです。一方、企業もデフレ下では儲からないので投資しません。

消費は経済の6割半、投資は2割半を占めます。消費も投資も行われないと経済は収縮してしまう。「デフレ」は死にいたる病なのです。この「病」が20年もつづいたのは世界的に見ても、日本くらいでしょう。安倍内閣がこれを変えようとしたのは、まことに正しいことと言えます。

それでは第一の矢が本来狙っていた「インフレ期待」は、なぜ醸成できなかったのでしょうか。

アベノミクス戦略のもと、2013年4月、黒田総裁は量的・質的な「異次元」の金融緩和を華々しく行い、「黒田バズーカ砲」と呼ばれました。大量のベースマネーが供給されるという期待のもとで、円安が進み、輸入商品の価格上昇もあって物価が上昇し始めました。

しかし、2014年夏頃から原油価格の低落傾向もあり、物価が上昇しなくなってしまったのです。

そうした状況を打開するため、黒田総裁は2014年10月に「第二バズーカ砲」として大量のベースマネー供給をします。その後もベースマネー供給をつづけましたが、物価はなかなか上昇せず、インフレ期待には程遠い状況がつづいています。

２０１４年から２０１６年にかけて、実質賃金も低下をつづけました。２０１６年後半から、世界経済の好転もあって、経済指標は改善し始めていますが、インフレ期待が醸成される状況にはいたっていません。

■マネタリーベースと日銀の資産が膨張してしまった

もう1つ、残された大きな課題があります。膨大なベースマネー供給の帰結と処理です。異次元金融緩和継続の結果、２０１７年7月にはベースマネー残高、つまりマネタリーベースは４６８兆円にのぼっています。日銀の資産は５００兆円を超えました。マネタリーベースはＧＤＰの9割にも達しています。

数年前までアメリカは大規模な金融緩和をしてきましたが、それでもベースマネーはＧＤＰの約2割ほどでした。アメリカは、それ以後、大規模金融緩和を停止し、最近では慎重に金利引き上げをしながら出口戦略を推進しています。それでも中央銀行の資産を健全な規模に戻すのに10年以上はかかると見込まれています。

日本が出口戦略を推進する場合、その何倍も時間がかかるでしょう。

安倍政権は、こういう課題を作ってしまったのです。マネタリーベースと日銀の資産がこれほど膨張してしまい、果たして出口戦略を描けるのか、どう実行するのか？　これはアベノミクスの重大な課題ですので、後で詳しく考えましょう。

第二の矢：財政政策——積極的財政の功罪

■大型予算によって財政は「綱渡り」状態に

「第二の矢」は、積極的財政政策。大規模な公共投資を行うということです。

デフレ経済からインフレ経済への大転換は経済構造も変えますから、その変動する経済を支え安定化させるという意味で、一定の効果がありました。

しかしその過程で、毎年、超大型年次予算、さらに大型補正予算が組まれました。

安倍政権は、「2020年には基礎的財政収支を均衡もしくは黒字にする」という財政再建目標を掲げましたが、現状ではなかなか達成されそうもありません。

２０１９年10月に予定されている消費増税による税収の使途を変えたことで、「財政健全化計画の予定がずれ込む」と政府は発表しましたが、先に述べたように政府発表の数字は超楽観的な前提にもとづく試算です。実際に健全化が困難になると、経済の先行きに深刻な影響が出てくる可能性があります。

財政再建目標が達成できなかった場合、日本国債への信認を維持できるか、という大きな問題が浮上するおそれがあります。信認が維持できなければ、何かのトリガーによって破綻へと追い込まれる可能性もあり得るという、いわば「綱渡り」状態です。

第三の矢：成長戦略——３度にわたる成長戦略

■企業や農業の改革に一定の効果

成長戦略は２０１３、２０１４、２０１５年度、第一次から三次まで3回にわたって提示されました。

第一次戦略は、３つのプランから構成されました。

①日本産業再興プラン：産業や人材の新陳代謝の促進
②戦略市場創造プラン：健康、エネルギー、次世代インフラ整備
③国際展開戦略プラン：自由貿易の比重を5年以内に19％から70％に高める

などを謳いましたが、華々しいプランのわりには中身の実効性はもうひとつでした。

第二次戦略では、安倍首相が「本格的構造改革に挑戦する」として、総合的かつ現実的な政策が打ち出されました。

それらは膨大な文書で発表されましたが、主なものとしては「企業統治と資本市場の改革」「競争力強化法」「TPP参加」「農業改革」「働き方の規制改革」「女性の活躍支援」「地方創生」「社会保障」「医療改革」「国家戦略特区」「賃金引き上げ」「法人税引き下げ」などの分野で、多くの具体的改革政策が提示されました。

これらの中で、「企業統治と資本市場の改革」は、ガバナンスルールの明示、社外役員の登用、また企業価値の向上などの面で見るべき成果があがりました。

また、画期的な自由貿易圏構想である「ＴＰＰ」参加、それを支える意味もある「農業改革」では、減反制度の廃止、農協の改革、農地所有制度の改革など、これまでタブーとされていた改革にも着手するなど実質的な進展がありました。

■働き方改革、社会保障、医療改革には踏み込めず

一方、「働き方改革」も成長のための重要な構造改革ですが、そこで提起された成果報酬、解雇の金銭補償などは、労働組合や厚生労働省からの抵抗が強く進みませんでした。そして、本書の主題である歳出削減と財政改革の中核となる「社会保障」「医療改革」にはほとんど踏み込めませんでした。

第二次成長戦略は意欲的な取り組みでかなりの成果があがりましたが、多くの課題も残されたと言えます。

第三次戦略は、「生産性向上」「イノベーションの推進」「サービス産業の強化」「ローカ

ルアベノミクスの展開」などを掲げましたが、項目が躍るわりには実質的な内容がとぼしく、第二次戦略に見られたような政権の熱意が感じられない提案でした。

この年、安倍政権は、安全保障関連法案に注力しており、安倍首相の関心が安全保障や憲法改正に注がれていたことと無関係ではないかもしれません。

第二次アベノミクス

■アベノミクス「新三本の矢」とは何か

２０１５年度の第三次戦略の後、翌年の２０１６年６月、安倍内閣は「一億総活躍プラン」を閣議決定しました。

それは、第二段階のアベノミクスとされ、「新三本の矢」から構成されると説明されました。

第一の矢「希望を生み出す強い経済」：２０２０年までにＧＤＰ６００兆円を実現する。

２０１７年時点で名目５４６兆円ほどのＧＤＰを、４年間で６００兆円にするという計画ですが、一定のインフレが起きれば不可能ではないと見込まれます。その目標を実現するため、政府はとくに、ＡＩ、ビッグデータ、ＩｏＴ、ロボットなどの先端技術を戦略的に普及・活用するとしています。

第二の矢「夢をつむぐ子育て支援」：２０２０年代半ばまでに、希望出生率１・８％を実現する。

ちなみに、２０１６年時点の出生率は１・４％なので、高い目標です。

第三の矢「安心につながる社会保障」：介護離職ゼロが目標。

これらの政策は、人口減少に制約される成熟経済が、労働力の供給サイドを強化するという意味で有意義な政策ではないかと、むしろ海外の関心が高く、一定の評価を得ているようです。

とりわけ２０１６年以降、経済成長率が着実に高まり始め、マクロ経済の需給ギャップが縮小する中で、供給サイドの強化によって潜在成長力を高める必要性が認識されています。

その意味でもこれらの政策が子育て期の女性や高齢者など、旧来の縁辺労働力の労働市場への参加を促進するかに関心が高まっています。

しかし、これらの政策が労働力供給をどれだけ増やし、政府の志向する経済成長戦略に貢献するかは未知数です。

そして、２０１７年10月の総選挙で大勝した自民党は公明党と連立与党を組んで、第四次安倍内閣を組織し、人づくり革命、生産性革命を柱とする新たな戦略の推進に取り組んでいます。

人づくり革命の重要な目玉が「教育無償化」で、これは２０１９年10月に予定されている消費増税の増収分のうち、これまで予定されていたように5分の4を財政赤字削減に充てるのではなく、増収分のうち１・７兆円ほどを教育無償化などに費やすということです。それだけ財政健全化は先送りされ、その間、政府負債の累増が加速することが予想されます。

本格的対応に踏み込めない理由

■4年間の増税延期で累積赤字は100兆円増える

これまで安倍政権の政策を詳しく見てきましたが、それらはこれまで述べてきた日本経済に迫りつつある危機に対する「本格的対応」にはなっていません。

財政危機から起きる経済危機のリスクを軽減するには、財政再建が王道です。

財政再建のための基本戦略は①増税、②歳出削減、③経済成長の3つです。

アベノミクスで打ち出している経済成長は重要ですが、今日の膨大な政府累積債務の削減にはそれだけでは力不足です。増税と、社会保障改革による歳出削減と組み合わせて、はじめて一定の効果が期待できるでしょう。

しかし、安倍政権はこれまでたびたび増税の機会を逸し、政府債務累積を助長しています。そして、社会保障改革への踏み込みも不十分です。

とくに約束した増税を、後述するように2度にわたって都合4年間も延期したことは、将来に起こり得る財政危機のリスクを大きく高める可能性があります。これが大問題です。4年間延長することで、累積債務は100兆円増えるのです。

安倍政権が、どんな経緯で増税の延期をつづけたか、検証してみましょう。

■消費税引き上げへのトラウマ？

2010年、民主党菅直人政権の時代、野田佳彦財務大臣がカナダの国際会議で国際公約として、日本の「財政規律の回復」を掲げました。そのための増税として、働く人の負担を増やす所得増税ではなく、国民に均等に課税できる消費税を上げることを公約としたのです。

首相となった野田氏は、消費税アップに真剣に取り組みました。2012年、民主、自民、公明の三党合意で消費税引き上げを決定。2014年4月に8％、2015年10月に10％と、段階を踏んで引き上げるとしたのです。

その後安倍内閣に政権が交代。2014年4月には実際に8％に引き上げられました。

消費税引き上げ実施前、駆け込み需要によって2014年1〜3月期の実質GDPは前期比年率4・9％アップしました。

しかし、引き上げ後の4～6月期は、反動で同じくマイナス7・1％となってしまったのです。

その後、消費が弱く経済がなかなか浮揚しない期間がつづきました。消費税引き上げ後の消費減少が、その後の消費低迷の原因となったと政権は認識したようです。力強い景気回復が見られない中で、2015年10月に予定していた10％への引き上げを、2017年4月まで1年半延期する決定がされました。

この時、内外の専門家の多くは増税を「予定どおり実施すべき」と主張しました。IMFのラガルド専務理事など国際機関の専門家は、2015年10月の10％引き上げ必要論を説きました。「先に延ばして、経済環境がよくなる保証はない。その分債務は増すばかり」という見方です。延期にともなって財政赤字が累積し、財政危機のリスクが高まるという懸念を多くの専門家は共有していたのです。

さらに、2016年6月に安倍首相は2年半の再延期を決断しました。本来は2015年10月に予定されていた引き上げが2019年10月に、つまり都合4年間の延期となってしまったのです。

これは安倍首相の中に、消費税引き上げが景気を冷却してしまうという懸念が強くあり、いわばトラウマになったのではないかと思われます。

第一弾の消費税引き上げ延期を決めた後、その信任を問うた2014年12月の衆議院選挙で自民党は大勝しました。国民はもちろん増税を嫌いますから、消費増税延期は選挙には有利な決定でしょう。

しかし、延期したことによる財政債務累積への悪影響をどう考えるのでしょうか。政治の判断が優先したということでしょうか。安倍首相は増税を延期したうえで、選挙で「アベノミクス」への国民の信を問う、と言いました。それは、何よりも政権維持の政治判断が先行したということでしょうか？

しかし、国民は一方で、累積財政赤字がもたらす将来の問題に大きな不安を抱いています。国民の大多数は、累積財政赤字もしくは政府債務の実態と原因やその意味などについて情報が乏しく、それだけに漠たる不安が募っていると思われます。その「漠たる不安」こそが、彼らに消費を控えさせる大きな要因になっているのではないでしょうか。

政治家として、国の将来、これからの世代のことを考えているのか、それとも目前の選挙の方が大切なのか、とあえて聞いてみたい気がします。

■年金制度改革にほとんど踏み込んでいない

さらに年金問題についても本格的な対応がはかられていません。

2004年の年金改革で導入した「マクロ経済スライド条項」というものがあります。これは、毎年給付を0・9%ずつ引き下げていく制度なのですが、「デフレ期には発動されない」という条件があるのです。2004年以降、日本はずっとデフレですから、結局発動されていません。

この「マクロ経済スライド条項」をデフレ期にも発動・適用すべしとの提言がされましたが、結局取り上げられず、年金改革の重要な機会を逸しました。

もう1つ重要なのが、支給開始年齢引き上げ論です。

これは以前より提起され、2014年に社会保障制度改革国民会議の会長である清家《せいけ》篤《あつし》元慶應義塾長が言及したことがあります。しかし、言及するやいなや強い抵抗があり、問題提起はもみ消されてしまったのです。

安倍政権は、年金制度改革の重要性について理解不足なのか、熱意がないのか、その課題にはほとんど踏み込んでいません。それとも、消費税と同じように、給付削減につながる年金改革が政治的に不人気だからという理由なのでしょうか。

■財政健全化への取り組みは後退

安倍政権は、発足当初はデフレの克服を最重要課題として、〝アベノミクス〟という総合経済戦略を打ち出しました。そこでは、経済成長と財政健全化の同時達成という高い目標を掲げました。これはまことに正しい目標です。

ところが検証したように、国民に約束した消費税の段階的な引き上げの延期、再延期、年金制度改革にまったく踏み込まないなど、政策運営の重要な柱である財政健全化への取り組みが後退しているように見えます。安倍首相の経済政策における優先順位は変化してしまったのでしょうか。

財政健全化は、静かにしのびよっている財政破綻、そして国家破綻のリスクを回避するため、また将来の世代が安心して暮らせる国を準備するための最重要課題であることを、首相は自覚しているのか、いささか不安になります。未来世代のために政治生命をかけることこそ、政治家の使命ではないかと思うのですが、安倍首相はどう考えているのでしょうか。

「シルバー民主主義」と「合理的無知」

■我々国民にも責任がある

安倍政権は接近しつつある破綻のリスクを減らすために、なぜ本格的対応をしないのでしょうか？

民主主義国家では、国民の要望をふまえ、それに応えるべく政治をするのが建前です。すると、先ほどの消費税引き上げの検証でも見てきたように、政治に方向を与えるべき国民の側にも問題があることになります。

その1つが「シルバー民主主義」。もう1つは「合理的無知」です。

高齢化社会では、国民のうちで高い割合を占める高齢者層が、投票行動を通じて政策決定により大きな影響力を持つことになります。しかも、高齢者の投票率は70％。30％そこそこの若年者にくらべて高く、高齢者の政治的影響力は一層高まります。

政治家や政党は高齢者層の、より大きな政治的影響力を重視せざるを得ません。彼らの利益に反する政策立案や政策実施は困難、つまり年金支給額を減らす、支給開始時期を遅らせるなどの政策は難しいのです。

マクロ的な経済破綻の危機が迫っていても、政治家も政党も選挙に落ちてしまえば無力です。どうしても高齢者の目前の利益を守る政策をとりがちになる——これが「シルバー民主主義」なのです。

もう1つ、年代にかかわらず、私たちの大きな問題は「国民の合理的無知」です。財政や社会保障は複雑で大規模なシステムなので、一般市民、つまり投票者のほとんどはその全体像をなかなか理解できません。また、たった1票の投票のためにそうしたシステムの全体像を理解しようとする努力は割に合わない、と考えてしまうのです。

投票者は、税金や社会保障給付など目前の利害には敏感なのですが、全体像はわからない人がほとんどです。財政赤字の累積に漠たる不安は抱いていても、それがどのようなメカニズムを通じて破綻につながるのかはわからないし、あまりに複雑なことなので実はわかろうとしていないのかもしれません。

これが「合理的無知」であり、私たちは知らず知らずそうした知的態度を選択しがちです。

投票者が全体像を理解していなければ、また理解する気がなければ、政治家は目先の都合のよいことだけを主張するようになってしまいます。

したがって、政治も政権も財政破綻問題に本気で立ち向かおうとしないという状況が生まれてしまうのです。

Part V 国民に危機を気づかせないしくみ

事態を理解させない2つの「しかけ」

■日本の国債は人為的に高値と低利回りが維持されている

国民＝有権者に、事態を一層理解しづらくさせている「しかけ」が存在します。1つは、国債です。そしていま1つは、年金など社会保障にかかわる「しかけ」です。いったいどんなしかけなのでしょうか。

その2つについて紹介しましょう。

前述したように、日本の財政赤字残高はGDP比で240%近くに達し、世界でも突出しています。GDPの2倍以上もの財政赤字を抱えている国は、世界で日本とギリシャだけです。

日本政府は「2020年までに基礎的財政収支を均衡させる、もしくは黒字にする」という目標を世界に公約していますが、Ⅳ章で述べたように、その達成はおそらく困難です。国が累積した借金を返済しにくくなっています。そのような借金大国の国債は、当然償還されないリスクがあるので、購買需要が低下し、価格も下落するのが常識です。

ところが、日本国債は高値で取引され、利回りは極めて低いのが現状です。それは日銀が異次元金融緩和で、市場から大量の国債を買い付けているため、人為的に、高値と低利回りが維持されているからです。

日銀がこうした異次元金融緩和による大量買い付けをしていなければ、おそらく市場で日本国債をあえて買う人は少なく、市場実勢においては、安値で高い利回りになるはずなのです。

ただし、財政法で禁じられているため、日銀は発行される国債を直接買い付けることはできません。財務省が国債を発行すると、それは市場の金融機関がまず買うことになっており、その後、日銀が市場の金融機関から国債を買い付けるのです。

本来なら、市場の金融機関は民間企業の合理性にしたがって、国債を購入するはずですから、世界でも突出した政府累積債務を抱える日本政府の国債に対しては慎重にならざるを得ないはずです。それは国債購入価格を下振れさせる要因になるはずですが、なぜか日本では、国債が発行されると、つねにほぼ全量がたちまち高値で入札されているのです。

それはいったいなぜなのでしょうか。

実は、国債を買い上げる約束をした金融機関の団体があるからです。

それが、主要銀行や証券会社で構成される「国債市場特別参加者（Primary Dealer）」制度です。このＰＤ制度が２００４年に導入される以前には、国債の主要保有機関であった銀行中心の国債引き受けシンジケートがありました。

２０１６年６月に三菱東京ＵＦＪ銀行が離脱する前の時点で、ＰＤは図12の22社です。

■メリットを得ている「国債村」の住人たち

ＰＤ制度とは、財務省が、国債の安定的消化を促進・維持するために作った組織であり、

図12　国債市場特別参加者（Primary Dealer）制度のメンバー（2016年5月時点）

SMBC日興証券株式会社	野村證券株式会社
岡三証券株式会社	バークレイズ証券株式会社
クレディ・アグリコル証券会社	BNPパリバ証券株式会社
クレディ・スイス証券株式会社	株式会社三菱東京UFJ銀行
ゴールドマン・サックス証券株式会社	株式会社みずほ銀行
JPモルガン証券株式会社	株式会社三井住友銀行
シティグループ証券株式会社	三菱UFJモルガン・スタンレー証券株式会社
ソシエテ・ジェネラル証券株式会社	みずほ証券株式会社
大和証券株式会社	メリルリンチ日本証券株式会社
ドイツ証券株式会社	モルガン・スタンレーMUFG証券株式会社
東海東京証券株式会社	UBS証券株式会社

財務省と強い結びつきを持った金融機関の集まりです。

彼らは、国債入札に積極的で、相応の責任を担っています。たとえば「毎回の入札で発行予定額の4％以上を必ず応札する」、また「短期、中期、長期、超長期国債のそれぞれ一定割合以上を必ず落札する」といった責任を果たす約束をした常連業者なのです。

国債が発行されると、このPD22社が中心になり、そこに都銀、地銀、第二地銀、信金、証券、外銀、生損保など一般参加者、200社以上が加わって落札します。こうして落札された国債が市場で流通し、証券会社や銀行の窓口で販売されるのです。

国債の入札に一定の義務まで負って、この集まりに参加するのはなぜでしょう。どのようなメリットがあるのでしょうか。

彼らは頻繁に財務省と会合を持ち、他では得難いさまざまな情報を得ています。言うなれば市場の特別な情報交換の〝村〟であり、通称「ＪＧＢ（日本国債）村」、あるいは「国債村」とも呼ばれています。ここでしか得られない情報を得られることには、本来安値になるはずの国債を高値で、しかも発行されるとすぐ買い付けるリスクを上回る価値があるのでしょうか？

■業界が激震した三菱東京ＵＦＪ銀行のＰＤ離脱

「２０１６年６月に三菱東京ＵＦＪ銀行が離脱する前」と、先ほど書きましたが、そこにはいわゆる「三菱事件」として知られる以下のような経緯がありました。

２０１６年６月、「三菱東京ＵＦＪ銀行がＰＤ資格を返上か」と新聞報道が出ました。黒田日銀の異次元金融緩和には、もともと金融界で不協和音があったのです。マイナス金利導入で、民間の金融機関にとって国債保有のメリットがあるのかとの疑念も出ていました。三菱東京ＵＦＪ銀行は、以前は最大落札機関の１つでしたが、次第に落札を縮小しており、ついに小山田頭取体制の下でＰＤ離脱を決定したのです。

三菱東京ＵＦＪ銀行は、「傘下の証券会社がこれまでどおり落札するので問題はない」としており、実際に、ＰＤ離脱の影響は市場に出てはいないようです。しかしこれは、財政の持続可能性に疑念がある国債市場の問題点を反映した出来事となりました。この「三菱事件」は、ＰＤに参加するメリットと、本来の価値以上で国債を落札するリスクのデメリットが、今やギリギリのバランスになっていることを示唆しています。

本来、膨大な債務の償還能力が懸念されるような国の公債は、普通の市場ならその取引には相当なリスクプレミアムが乗ってしかるべきです。

しかし、上記のような組織的な慣行に深々と浸かっている「国債村」の住人たちは、現状についてそのようなリスクをあまり意識していないようです。

彼らは、円資金へのこだわりが強く、「低インフレで低成長は長期化する」「資金の運用ニーズは潤沢にある」「日銀が大量に買いつづける」という前提で判断する傾向があります。

その結果、「国債村の特殊な通念を通じた価格形成がなされ、それが市場価格を支配するのが当然といった観念にとらわれている」と述懐する参加者もいるほどです。

このような財務省と民間企業の特別なシンジケートは、日本独特の存在でしょう。

彼らがリードして意図的に即座に高値で国債を落札しつづけるので、一般国民には莫大な政府の累積債務の証券である「国債」の、本当のリスクをなかなか推察することができません。そして、これだけの累積債務があっても財政に不安はないかのような、虚構の印象を人々に与えているのです。

「年金村」と批判封じ

■年金制度に大きな影響を及ぼす「年金村」もある

一方、実は年金についても、やや似た政治社会集団が存在するのです。それを「年金村」と仮に呼ぶことにしましょう。

これは国債村のように、それなりに制度化され参加者も知られ議事録もあるというような「見える化」された存在ではありません。実態は、むしろまったく正反対で、制度として存在していないだけでなく、参加者が誰かは当事者が部分的に知るだけで、参加の程度も異なり全貌は不明です。議事録どころか記録もまったくありません。

しかし、その社会的影響力は極めて大きいと言わざるを得ません。なぜなら、年金制度に象徴される社会保障の諸制度は、国民各層の生活と人生を支え、できるだけの安定を保障する制度だからです。社会はつねに変動し、制度の受給者も年々歳を重ね、体力・能力も変化し、病気になったり、障害を持つことになったりする人々もたくさんいます。

そういう国民各層の個人の全生涯にわたって、一定の生活保障を提供するのですから、必然的にそれは膨大かつ複雑なものになります。

そうした膨大かつ複雑なシステムは、社会経済や国民全員の年々の変化に応じて改変され、時機を見て大規模な改革が必要となります。その改変や改革は、当然、政府の担当部局である厚生労働省（かつての厚生省）の担当責任者がつねに構想し、準備します。しかし、そのプロセスには、内閣、政党、政治家、そして労働組合、経営者、メディアや世論も深くかかわってくるのです。

システムの改革は、そうしたプレーヤーたちの政治的な相互作用の結果として結実するわけです。

■１９８５年の年金制度大改革

日本の年金制度は、第二次大戦中に戦費調達の一環として発足しましたが、戦後再構成されました。戦後の経済成長の過程で、一般国民の老後生活に一定の保障を提供する制度として発展してきたのです。

日本経済の発展過程においては、拠出基金の蓄積も少なく、経済社会も激しく変化したため、さまざまな制度がその都度必要に応じて設定され、修正されてきました。そのため、全体としては統一性のない煩雑な制度になっていました。

そこで、高度成長期が終焉に向かう１９８０年代に入ると、厚生省（当時）としては歴史的、画期的な大改革に取り組むことになりました。年金行政を司る厚生省の幹部たちも過去の経験の蓄積から学ぶところが多くあり、また成熟段階に入りつつある日本経済の中長期的展望も見えてきたからです。

その象徴的な例が１９８５年改革です。この改革は総合的なものでしたが、とくに「基礎年金の導入」「正規労働者の配偶者である専業主婦を『第3号被保険者』として制度に組み入れる」「給付水準漸減のための『給付乗率』の導入」が3本の柱でした。

この改革によって日本の年金制度はほぼ完成形を構築した、というのが担当者たちの自負でした。その構築作業はあまりに負荷が大きく、その過程で1950年から年金改革を担ってきた有能なY局長が殉職、すなわち過労死したほどでした。

■85年改革を守るため、批判を排除する官僚たち

年金という複雑きわまりない対象、しかも政治プロセスで翻弄される対象について、歴史的、画期的なそれなりの「完成形を構築」したという担当幹部たちの自負は相当なものでした。それゆえ、この偉業を守り抜くことが使命であり、責務であるという暗黙の了解が、その作業を支えた仲間や部下たちの間に育まれたとしても不思議ではないでしょう。

彼らは85年改革を継承し、発展させようと、改革や体制を作り上げていきます。そして、その「暗黙の了解」は、それらの改革や体制に対する外部からの批判を厳しく排除するようになっていったのです。

とくに「積立金は政府が主張するより早く消滅する」といった、年金制度の持続性に関して疑義を呈する学者などは、制度の策定や検証といった政策プロセスから排除されるようになりました。

現役世代の積立金を、受給世代が制度的に受給する「賦課方式」の年金制度が、政府の公債発行でファイナンスされることは、次世代、さらに生まれてもいない世代に対してあたかも借金を負わせる形になります。

これを「世代間の不当な不公平」として厳しく断罪するローレンス・コトリコフ（Laurence J. Kotlikoff）教授らが開発した方法論があります。一部の学者たちは、このコトリコフ教授らの方法論を援用して、日本の年金制度が抱える世代間の巨額の格差を糾弾したのですが、排他的な圧力が加えられました。

年金制度という大規模、複雑、かつ超長期にわたる制度の改革は、上記のように、政治家から労使、メディアまでを巻き込む壮大な理論醸成と意思決定のプロセスになります。

そこで課題を提起し、論議を整理し、結論に向けて誘導するためには、多くの委員会や研究会あるいは作業プロジェクトが組織されることになります。それらの議論や作業に参加する委員は厚生行政の経験者や関係者、そして若干名の学者たちから構成されます。

委員たちは厚労省の担当幹部が選抜しますから、結果的に、厚労省の幹部を批判対象とする一部の学者などは排除される傾向があるのです。

このような運営のあり方は、専門的な情報を選別し、加工し、誘導するいささか閉鎖的な凝集体として、前述したように、あたかも一種のギルドのような「年金村」と表現できそうです。

■わかりにくかった2004年改革

困難な課題に懸命に取り組む担当者の立場が、わからないわけではないのですが、こうした状況は複雑な年金システムを、部外者一般にとってはますますわかりにくくしてしまっているように思います。

たとえば、21世紀に入って、厚生労働省は2004年に大改革を行い、それは一般に〝100年安心年金〟と喧伝されました。

そもそも絶えず変動し変化する経済社会に〝100年安心〟の制度などは存在し得ないのですが、「蓄積された基金が100年目に1年分だけ残るように運営する」という趣旨が、100年安心というキャッチフレーズで社会に流布したのです。

果たして100年安心かどうかについて多くの専門家からさまざまな批判が集中しました。その多くは、「必要な情報が当局から十分に開示されていないので、当局の主張や説明には多くの矛盾や疑問が残る」という問題を浮き彫りにしました。

年金の持続可能性は、国民生活を左右する極めて重要な問題で、政府が経済計画を前提としマクロモデルを使用するなど、それなりの努力をしていることはわかります。ただ、専門家の批判にも耐える十分な情報開示がないこと、また方法論にも不明な点が多いなど、わかりにくい部分が多いのです。このようなやり方は、不透明な印象を与え、不安を助長するおそれがあります。

国民にとって、情報がつねに開示され、わかりやすく説明されることが、納得と安心の基礎になるはずです。

Part VI 日本政府の苦難のあゆみ

財政赤字累積の経緯

■どの内閣も財政改革に取り組んできた

II章で日本の累積財政赤字（政府債務残高）が持続的に増加しており、その増加ペースは1990年代後半あたりから加速したことを説明しました（46ページ図7）。その要因は社会保障会計の赤字の拡大です。

この章では、財政赤字が累積していった経緯を、毎年の歳出や税収、そして公債発行額などを詳細に見ながら、たどってみようと思います。その経緯を振り返ると、これまでにも多くの政権が財政赤字をできるだけ増やさないように、さまざまな財政改革に取り組んできたことがわかります。

しかし多くの場合、財政改革にとりかかると、必ずといっていいほど世界や国内の環境条件が悪くなり、財政改革は十分な成果をあげることができませんでした。

日本の財政状況のそうした経緯について、もう少し詳しく事実に即して見ていきましょう。

■いざなぎ景気に恵まれた１９６０年代

日本は１９４７年に財政法を制定し、その中で発行が認められている建設公債以外は、公債発行を厳禁としてきました。建設公債とは、道路や公共建築などインフラの整備に限定して使われるものです。60年という長い期間ではありますが、償還の保証のある公債として財政法４条で例外的に発行が認められています。

しかし、１９６４年の東京オリンピック後の不況対策として、１年限りの特例法で特例公債がはじめて発行されました。特例公債はしばしば赤字公債と呼ばれます。特例公債は、景気対策として財政の赤字補填などに使われるため、償還の保証は必ずしもありません。そのため発行する時にはその都度、国会で特例法を制定します。

その後も建設公債は、経済発展にともなうインフラ整備を支える公債として発行しつづけられましたが、1965～70年は「いざなぎ景気」に恵まれ、景気対策としての公債発行はほとんどなくて済みました。

1973年は高度経済成長の最盛期で、田中角栄内閣はその年を「福祉元年」と称して社会保障給付を大幅に引き上げました。しかし給付増加を支える拠出については、その後も高度成長がつづくものという期待感のもとで後回しにしてしまいました。給付を引き上げるだけなら国民は大歓迎ですから、田中内閣は政治的に有利と考えたのでしょう。

ところが、1973年には第一次石油危機が日本を襲いました。物価が1年で30％も急騰し、石油が不足し、トイレットペーパーが店頭から消えるといった危機に怯える国民に対し、社会保険料の値上げなどと言える状況ではなくなりました。

政府は危機後の不況に対処するため、1975年に「財政危機宣言」を発し、補正予算で特例公債の発行を余儀なくされたのです。

■特例公債脱却を実現した90年代初頭

１９８０年、福田赳夫内閣は「財政新時代」という標語を掲げ、特例公債脱却目標を設定しました。しかし１９８０年代前半は不況脱却のため、特例公債を年々増発せざるを得ませんでした。それでも、この頃歴代内閣は財政赤字脱却という問題意識を強く共有していたのです。

１９８４年、大平正芳内閣は新たに特例公債脱却目標を設定しました。

１９８５年、つづく中曽根康弘内閣も特例公債脱却を目指しましたが、実現できませんでした。

そして、この年に日本の社会保障制度は大きな節目を迎えました。V章で述べた基礎年金導入です。基礎年金の導入で、社会保障制度は社会保険の体系として総合的に整備されることになりました。

１９８６年12月から１９９１年2月にいたる51カ月間、日本経済はバブル景気と呼ばれる好景気に恵まれました。これは株価や土地などの資産価格が暴騰するという異常な景気

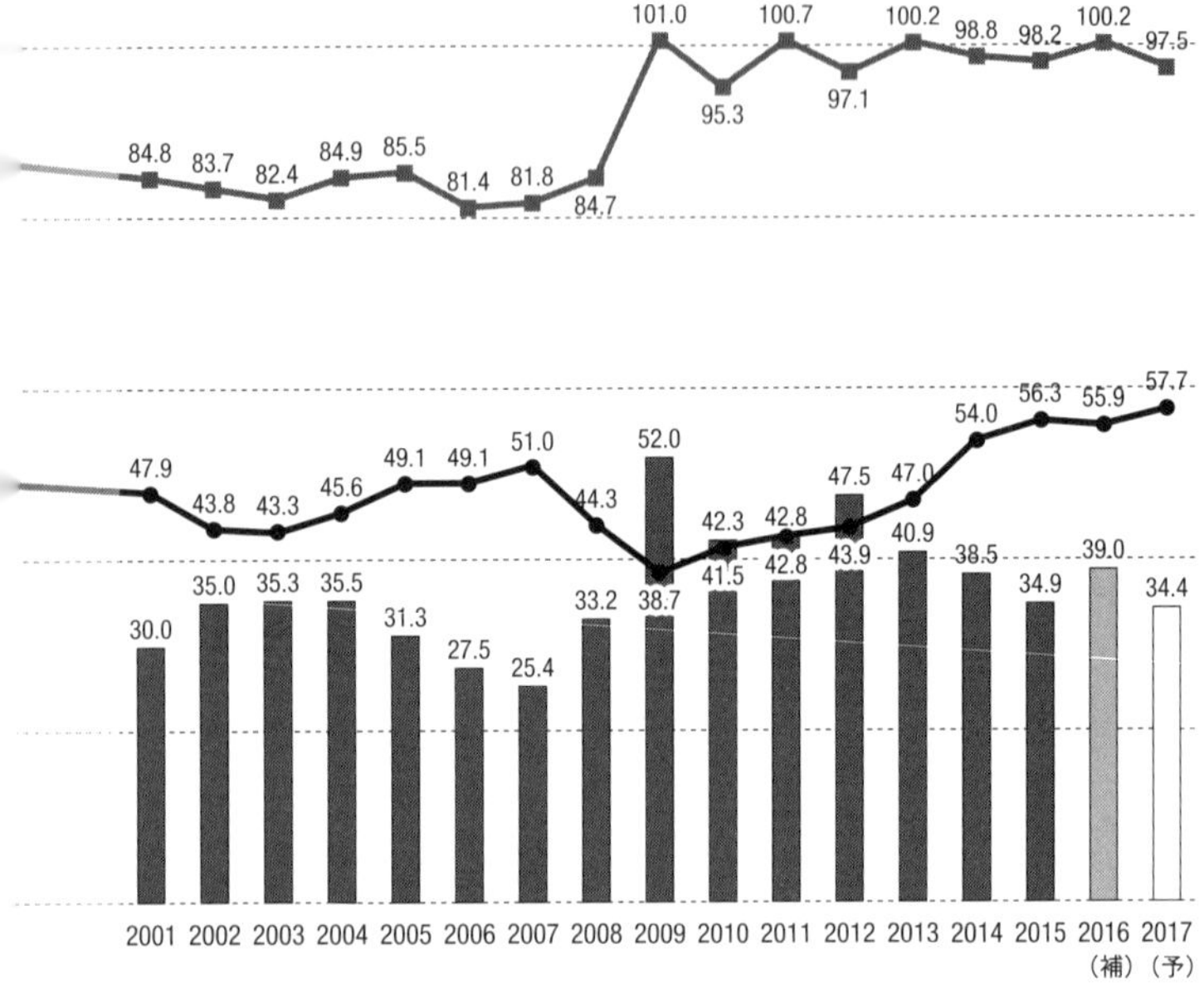

でしたが、そのおかげで、最盛期の1990年には税収が膨らみ、史上空前の60・1兆円を記録しました。

その結果、日本政府は念願の特例公債脱却を1991年から93年まで実現できたのです。

■景気の急速悪化、94年から再び特例公債発行

しかし、好運はこの年まででした。1991年からはバブル潰しにかけた日銀の金利引き上げや、不動産業を狙い

図13　政府歳出、税収、公債発行額の推移

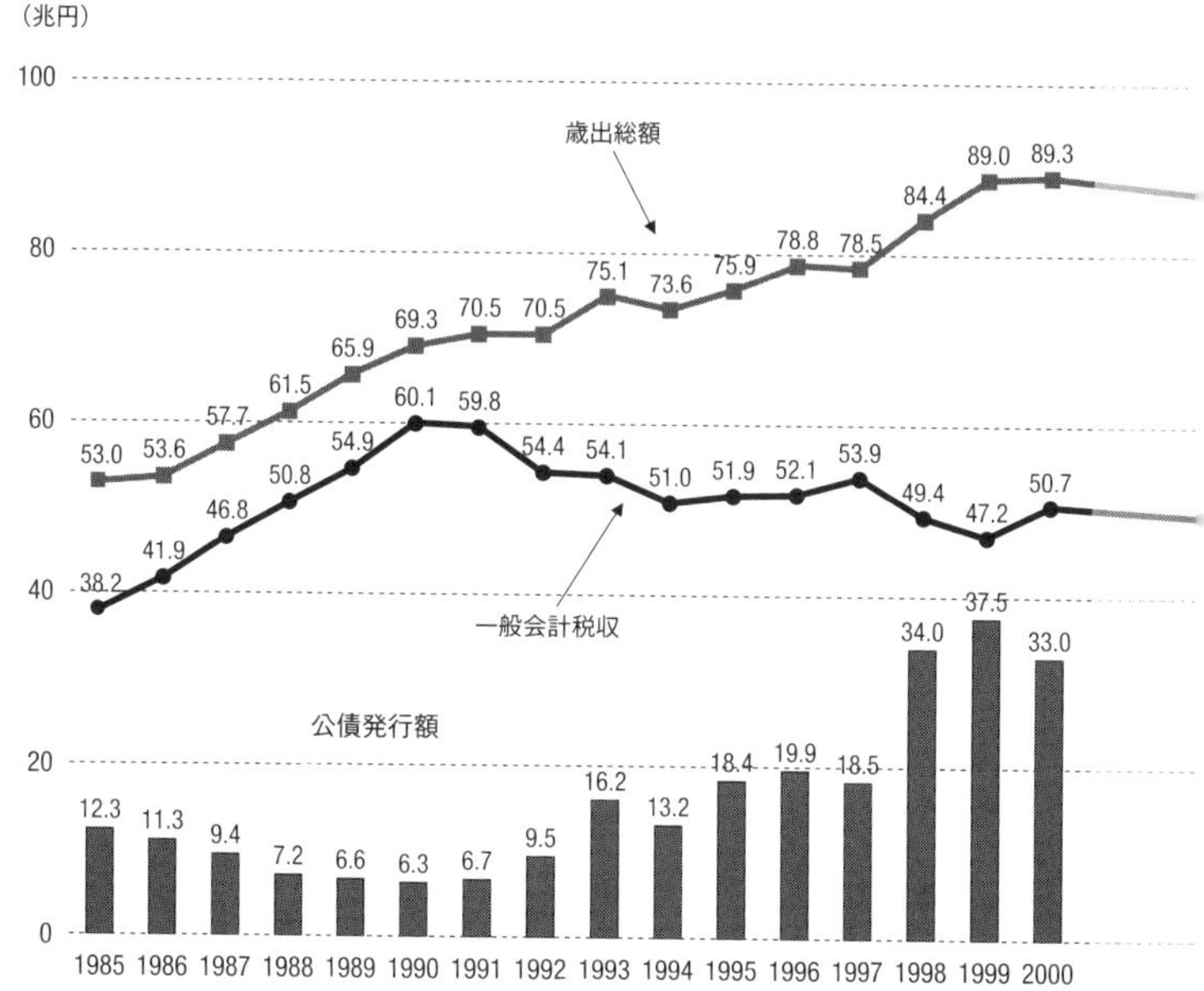

出典：財務省資料

撃ちにした大蔵省（当時）の総量規制など、強烈な引き締め政策の結果、バブル経済は崩壊し、景気は急速に悪化したのです。

そのうえ、米国主導の湾岸戦争への資金協力を求められた日本は、臨時特例公債7・3兆円の発行を余儀なくされました。

日本経済はバブル崩壊の影響を受けて、1991年以降、厳しい状況になりました。

日銀は景気刺激のために7回にわたって今度は公定歩合

を引き下げ、政府は1992年の「緊急経済対策」から94年の「総合経済対策」まで5回も経済対策を実施しました。

一般会計は91年から95年まで連続して歳入不足となってしまいました。

こうした状況を受けて、91年から93年まで取り止められていた特例公債が再び発行されることになり、その後現在まで毎年発行がつづいています。

そのうえ、1995年1月には阪神・淡路大震災が発生し、その対策のために特例公債が発行されました。

図13を見ていただくとわかるように、年々の公債発行額が、1990年代後半以降、一段と高まっています。

90年代前半は毎年10兆円前後だったのが、95年以降は18兆~19兆円に、そして98年以降は30兆円台に増え、2006年、07年には30兆円以下になったものの、リーマンショック後の2009年には52兆円、その後はしばらく40兆円台と格段に発行額が増加しています。

この頃から、毎年の政府予算の4割以上を国債に依存するという異常事態が常態化するようになったのです。

その根底には、高齢化の進展のもとで社会保障給付額が持続的に増す反面、社会保険料収入が伸び悩んでいるという事情があります。
社会保障会計赤字の増大圧力が、公債発行額を大きく引き上げる事態が定着してしまったのです。

■ことごとく不運に見舞われる財政改革

もちろん当時の内閣も、ただ手をこまねいていたわけではありません。そうした財政の悪循環を見据え、1996年12月、橋本龍太郎内閣は「財政健全化目標について」を閣議決定。首相を議長とする「財政構造改革会議」を発足させ、1997年11月には「財政構造改革法」を成立させました。

当面の目標（2003年度まで）として、①国・地方の財政赤字対GDP比を3％以下に抑制、②特例公債からの脱却、という2点を掲げました。

ところがその後、アジア通貨危機、大型金融機関の破綻等によって景況が悪化します。

1998年12月、財政構造改革法そのものを凍結しました。

2001年4月、小泉純一郎政権が発足、1990年代に悪化した財政の立て直しに着手しました。

2001年6月、「骨太の方針」で財政構造改革方針を明示し、国債発行額を30兆円以下に抑制、「2010年代初頭にプライマリーバランスの黒字化」を目標としました。しかし、小泉政権も景気刺激のため補正予算で公債発行を5兆円増額し、決算ベースでは「30兆円以下」の公約は守れませんでした。

2007〜08年以降になると、40兆円を超える多額の赤字国債発行を前提とする予算編成が行われるようになってしまいました。まさに「国債発行不感症時代」に突入したのです。

そして2008年秋には、リーマンショックによる景気後退が襲いました。

その衝撃を受けて、2009年度の国債発行額は51・9兆円にのぼりました。その内訳は、赤字国債36・9兆円、建設国債15兆円です。国債依存度は実に51・5%に達しました。予算の半分以上を国債に頼るという異常事態です。

■国際公約直後に東日本大震災発生

２０１０年6月22日、民主党の菅直人政権が「財政運営戦略２０１０」を閣議決定しました。財政健全化の目標を具体的に掲げたのです。

国と地方の基礎的財政収支すなわちプライマリーバランスの、赤字の対ＧＤＰ比を、２０１５年度までに２０１０年度の水準から半減し、遅くとも２０２０年度までには黒字化するとしました。これは日本政府の国際公約となりました。

ところがまたも不運が日本を襲います。２０１１年3月、東日本大震災が発生し、東京電力福島第一原子力発電所の事故が起きました。国債発行額40兆円台、依存度40％台がつづきます。

２０１１年8月、野田佳彦政権が発足。２０１２年2月17日には野田内閣が「社会保障・税一体改革大綱について」を閣議決定します。

消費税率（国・地方）は「社会保障の安定財源確保と財政健全化の同時達成」への第一歩として、２０１４年4月1日より8％へ、２０１５年10月1日より10％へ段階的に引き上げを行う。消費税の収入は、毎年度、年金、医療および介護の社会保障給付ならびに少子化に対処するための施策に要する経費に充てるものとする、というものでした。

２０１２年12月、安倍晋三内閣が発足し、「アベノミクス」が開始されました。そのもとで、国債発行額は、２０１３年度40・８兆円、14年度38・４兆円、15年度36・４兆円とやや減少しましたが、国債発行残高は、３年でほぼ１００兆円のペースで増加しているのです。

こうしてたどってみますと、政府は財政赤字膨張をなんとか食い止めるため、それぞれの政権で努力してきました。

しかし、財政健全化計画策定直後に経済不況に陥る、不運の繰り返しだったことがよくわかります。

Part VII

なぜ年金は膨張したのか

給付が増大しつづけることになった日本の社会保障制度、とくに年金制度が、どのような背景と経緯によって政府の大きな支出分野になってきたのかを見ることにしましょう。

経緯をわかりやすく説明するために、70年以上のその歴史をいくつかの期間に分けて見ていくことにします。

1942〜53年――戦時下の創設から戦後の暫定措置

■スタート時の目的は戦費調達

厚生年金は太平洋戦争が始まって間もなく、1942年に労働者年金としてスタートしました。そして終戦直前の44年、厚生年金に改正されました。この時の年金制度は始まったばかりで、ほとんどの加入者が保険料を拠出するだけで給付を受ける人はいなかったので、戦費調達の意味合いが大きかったと言えるでしょう。

敗戦後、厚生年金は名目的には存在していましたが、50年代前半までは、年金としては機能せず、戦後インフレ緊急対応の暫定措置として据え置かれていました。

1954〜72年――戦後年金制度の原型ができる

■現役層が年金を支える「修正積み立て方式」が登場

戦後、冬眠状態だった厚生年金制度は、54年改革で、定額部分と所得比例部分からなる2階建年金として編成されました。同時に、さまざまな共済が厚生年金から離脱し、いろいろな制度が分立するその後の年金制度の原型ができたと言えます。

54年改革ではまず、暫定的に定められていた保険料率は据え置かれることになりました。一方、給付引き上げが先行し、結果として現役層の拠出が受給層の給付に充当される事態となり、いわゆる「修正積み立て方式」が選択されることになりました。

年金は本来、加入者の拠出金を積み立て、加入者が受給年齢に到達したらその基金から給付金を受け取る「積み立て制度」が基本です。

日本の厚生年金も、その建前でスタートしたのですが、この時期に給付引き上げを先行したために、現役層の拠出金をなし崩し的に受給年齢層に給付する方式になってしまいました。当局はこれを〝修正積み立て〟と表現し、基本は積み立て制であることを強調していました。

また54年改革では、5年に一度、元のデータを総ざらいして現状を確認する「財政再計算」の制度も導入されました。この制度はその後、２００４年改革までつづくことになります。

■支給開始年齢が55歳から60歳へ

同時に、寿命が急速に延びていることを理由に、支給開始年齢の55歳から60歳への引き上げが提案されました。

労働組合は、20年後に60歳定年制が普及することを前提に引き上げに賛成しましたが、20年後の時点で60歳定年制は普及しませんでした。その結果、労働組合は支給開始年齢の引き上げに強いアレルギーを持つようになり、その後の支給開始年齢引き上げ政策の大きな障害になることになります。

この改革ではさらに、年金の財源不足を補填するため、国庫負担を10％から15％に引き上げました。これ以降、国庫負担は１９７６年まで逐次引き上げられていくことになります。

11年後の65年改革では、年金水準として標準的な20年加入者には〝１万円年金〟を給付することが目標とされました。

さらに４年後の69年改革では、２万円年金を目標に、厚生年金も国民年金も同時に、その定額部分を１・６倍に引き上げました。

1973～84年――高度成長で給付引き上げ

■修正積み立て方式から「賦課方式」への流れが定着

70年代前半は今から見れば高度経済成長時代の終盤でしたが、当時はこの成長がまだまだつづくと見込まれていて、与野党ともに受給者の負担を抑制する一方、年金・医療の給付引き上げ競争にしのぎを削り、インフレスライド制が導入されました。

保険料率の引き上げは遅れ、これまでの修正積み立て方式から、現役世代の積立金を受給世代が制度的に受給する「賦課方式」への流れが定着しました。これ以降、80年改革まで給付拡大がつづきました。この背景には、政治家や野党などから「貧しい高齢者を放置していいのか！」という政治的圧力が高まったことがあります。

73年、田中角栄内閣は「高福祉、低負担は可能」とし、73年を「福祉元年・年金の年」として給付の拡大路線を選択しました。「給付を増やしても、高度成長はまだつづくから、拠出引き上げは後でもできる」と判断したのです。人口高齢化が進んでいくことは当時から意識されていましたが、「高齢化が進むからこそ年金の充実が必要だ」という論調が政治を支配していました。

しかし、その73年に日本はオイルショックに襲われ、74年には前例のない物価高騰と同時に経済成長が止まり、高度成長時代が終わるという大激変が起きます。田中内閣の判断は完全に裏目に出てしまったと言えるでしょう。

■「支給開始年齢引き上げ提案」は完敗に終わる

それから3年後、76年の改革では一転して不況に陥った日本経済の中で、財政不安の懸念が拡大しました。年金財政を預かる厚生省では、政治主導の保険料抑制と給付拡大要請に対し、将来の財政不安を指摘する声が高まりました。

80年改革では、はじめて支給抑制の政策に着手しました。その1つが年金の支給開始年齢の引き上げです。開始年齢を引き上げて、財政の安定を目指そうというものです。

厚生省案は、「2000年に65歳定年制が一般化する」という前提で、20年かけて支給開始年齢を段階的に5歳引き上げるというものでした。

しかし、厚生省案は政治的な同意を得られず、65歳支給開始案は自社公民の4党合意で訓示規定から排除されることとなり、支給開始年齢引き上げ提案は完敗に終わりました。

1985～99年――年金制度大改革と支給開始年齢引き上げ

■大改革実現、しかし支給開始年齢の引き上げは手つかず

V章でも述べたように、85年改革は日本の年金制度の大改革でした。その1つは基礎年金の導入による年金一元化の大改革であり、もう1つは給付乗率の段階的引き下げで給付削減を実現したことでした。

年金改革は、医師会のような強力な利害団体が不在なので、世論の支持が重要です。そこで85年改革は、有識者調査をふまえたり、改革しないとどうなるかを示したりして世論

説得を重視しました。この方式はその後の改革にも参考になりました。

一方、給付乗率の引き下げによる給付抑制は、その影響が出るまでタイムラグがあり、ただちに有権者の反発を受けにくいという〝行政側のメリット〟があります。85年改革はこれらの工夫を最大限生かした改革でした。

ただし、85年改革は、年金体系見直しと給付乗率引き下げによる給付抑制という大規模改革だったため、支給開始年齢の引き上げまでは着手できず課題が残りました。

4年後の89年改革最大のテーマは、85年改革の積み残しである支給開始年齢の引き上げでした。しかし、この年は、総選挙や参議院選挙を控え、政治情勢の影響で厚生省原案は大幅な後退を強いられました。しかも、消費税の導入やリクルート汚職事件なども影響し、7月に行われた選挙で自民党が大敗。89年改革は難航しました。

支給開始年齢引き上げは、経営者側は賛成、労組は反対です。年金審議会で労組委員が退席する事態も起きたうえ、当時は別の省であった厚生省と労働省の連携も不十分でした。支給開始年齢引き上げは、自民党社会部会、公的年金等調査会の合同部会で事実上凍結されました。

■1994年改革でついに支給開始年齢の引き上げに成功

94年改革では、定額部分の支給開始年齢引き上げと、可処分所得スライドによる適正化が目玉でした。93年8月に政権が自民党の宮澤喜一内閣から非自民の細川護熙内閣へ移り、その後つづいた非自民の羽田孜内閣を経て、94年6月には自社さ連合の村山富市内閣が成立。

94年改革は、与野党が2回逆転するという複雑な政治情勢のもと、いわばそのねじれを利用して法案が可決されました。

89年改革で支給開始年齢引き上げを「年金財政問題」と説明して失敗した厚生省は、こんどは労働省とも適切に連携し、支給開始年齢の引き上げを「65歳現役社会の実現」という説明で慎重に推進しました。その結果、60～64歳の定額部分の支給開始年齢は、2001年から13年にかけ段階的に引き上げられることになりました。

この時の改革は、これまでの失敗の教訓を生かし、有識者調査という「お墨付き」、このままだとどうなるかと選択肢を提示する「政策採択」、給付の改善も行うという総合的な手法を復活させたことによって成功したと言えます。

２０００年以降——給付の抑制、保険料引き上げの上限設定

■「１００年安心」を謳った２００４年改革

バブル崩壊後の厳しい経済状況の中、出生率はジワジワと低下し、世代間公平問題、保険料を一定以上に上げるなという政治圧力のもと、年金の給付総額を抑制する改革が行われました。

１９９９年の改革は複雑な政治情勢の中、結局２０００年度に持ち越されて成立しました。１９９８年７月参議院選挙で自民党が大敗。橋本龍太郎内閣が退陣し、小渕恵三内閣が発足しました。99年には自民党、自由党、公明党が連立する「自自公政権」である第二次小渕内閣が発足。そんな中、99年改革案は３度の国会審議、強行採決を経てほぼ原案のまま２０００年３月に成立したのです。

改革提案の柱は、60～64歳の報酬比例部分の支給開始年齢を13年から25年にかけて３年で１歳ずつ引き上げ、最終的に65歳にすることでした。年金改革が政治の主要テーマにな

った象徴的な改革でした。

04年改革は「100年安心プラン」と言われ、今後100年という超長期にわたって、国民生活に安心を保障する年金改革とされました。もっとも、年金のような制度に「100年安心」ということはなく、この政治的スローガンが誤解を生んだことはすでに述べました。

04年改革から、年金制度の見直しの方法も変わりました。それまでは5年に一度、全体を見直す「財政再計算」が行われてきましたが、この時から5年に一度、予測の前提を見直して評価する「財政検証」という、より効率的で安定的な方法に変わりました。

財政検証は09年と14年、すでに2度行われています。多くの専門家から、厚生労働省の発表した持続性の評価について、疑問と批判が投げかけられました。

厚労省の説明は、財政検証の前提や推計の方法などについて不透明であったり、わかりにくい部分が多く、問題が残るように思います。年金制度の将来展望は国民生活の将来に関わる重要な展望であるだけに、改善が必要でしょう。

Part VIII

財政政策改革への提言

これまで、日本の深刻な政府債務の累積の問題について、その内容、制度、構造、歴史を見てきました。

それらを理解したうえで、リスクをどう回避するか、この重大な問題をどう克服するか、という課題を考えていくことにしましょう。

まず「金融・財政の分野」、そして「成長政策の分野」、社会保障を構成する「年金、医療、そして介護の分野」について、何ができるか、何をすべきか考えてみます。

異次元金融緩和の出口戦略

■異次元金融緩和を脱却しなければならない

アベノミクスの一環として提議され、黒田東彦日銀総裁によって推進された「異次元金融緩和」は２０１４年10月以降、毎年80兆円ペースで国債を購入してベースマネー供給を増やしてきました。

そして、その大部分は民間金融機関の日銀当座預金で積み上がっているとⅣ章で述べました。その結果、日銀の資産はほとんどＧＤＰに匹敵する５０５兆円（２０１７年７月現在）まで積み上がっています。そのうち４７０兆円ほどはマネタリーベースの膨張です。

マネタリーベースのこのような急速な累積は、それが今後も継続された場合、前述したように、国債の発行残高のすべてを日銀が吸収するという異例の事態を招き、国債市場を機能不全に陥らせるおそれがあります。

そうした事態に陥る前に、日銀はこの異次元金融緩和を脱却し、膨れ上がったマネタリーベースすなわち日銀のバランスシートを正常に戻す出口戦略を採用する必要があるでしょう。

ベースマネーの供給拡大は、緩やかなインフレ基調を定着させ、消費や投資活動を活発化させて経済を適切な成長軌道に乗せることを意図して実施されてきたものです。適度なインフレと経済成長が実現したら、日銀は異次元緩和の異常な状況を脱却して適切な出口戦略を採用すべきです。

■日銀は過大な資産を市場で販売すべき

日本経済は、2016年後半から成長率が改善し、物価上昇の兆しも見えてきたとはいうものの、インフレ基調の定着や適切な成長軌道が実現しつつあるとはまだ言えない状況です。問題は、求める経済状況が実現するまで日銀はどれほど異次元緩和をつづけるべきなのか、それとも早い段階で出口戦略に移るべきなのか、という選択です。

私見では、これ以上、異次元緩和を続行すると、国債市場の機能不全が経済破綻の引き金を引くリスクが高いので、できるだけ早く出口戦略に移行すべきだと思います。

では出口戦略として、日銀は何を行うべきでしょうか。

買い込んだ国債などの過大な資産を市場で販売し、適切な規模に収縮させていくことと、徐々に金利を引き上げて正常な金利水準の復活を目指すことが求められます。

■市場混乱のリスクを最小限に

しかし、このいずれの面でも、大きなリスクが伏在します。国債など過大な資産を縮小するには、現状の資産規模が巨大であるだけに、相当規模の資産を市場で売却する必要があります。しかし、それは国債価格の急落を招き、金利暴騰のリスクを高めるおそれがあるのです。

また、金利を引き上げて正常な水準に戻す過程で、現在ゼロ金利ならびに超低金利を適用しているマネタリーベース（日銀が銀行など金融機関から預かっている当座預金）の金利を引き上げることになりますが、その利払い費用が一定の水準を超えると、日銀の経営そのものが悪化する危険もあります。

出口戦略の実行には、このように多くの難問とリスクが存在しますが、慶應義塾大学講師の田幡直樹氏の意見が参考になります。

田幡氏は、「市場の混乱を避けるためには、日銀保有国債の四半期別期日到来額を平準化して市場参加者が日銀の行動を予測しやすくするなど早めに周到な準備をし、市場と情報を共有しつつ再投資を停止していくなどの注意深い対応を進めれば、着実に出口戦略を実行できる」としています。

撤収は攻撃より困難とされますが、市場混乱のリスクを最小にしつつ出口戦略を早期に進めるべきでしょう。

消費税率引き上げと相続税

■10年以上、1%ずつ上げていく政策もあり得る

Ⅳ章で述べたように、安倍首相は消費税率10%への引き上げを4年間にわたって延期しました。これは、消費税率10%の税収（約25兆円）を前提に計画されていた「税と社会保障の一体改革」による社会保障の充実・強化の内容を、とても「一体改革」とは言えない著しく不十分なものにしています。

増税は、安倍首相がおそれているように本当に景気冷却効果が大きいのか、そして経済成長の阻害要因になるのでしょうか。

たしかに一度に3％も増税すると、それは国民にショックを与え、過大な駆け込み需要や消費の反動減などを引き起こすリスクが大きいでしょう。そうしたショックを最小にしてしかも政府債務を減らしていくには、小刻みで長期にわたる増税という方法もあり得ます。

日本は8％の消費税を10％に上げるのに、4年も足踏みをして逡巡していますが、欧州では20～25％が付加価値税の標準税率です。そうした欧州の例も見れば、これから迎える高齢化の加速に合わせて10年ないしそれ以上の期間にわたって、税率を1％ずつ上げていく政策もあり得るでしょう。

消費税引き上げのような税率変更は、現場の売買取引を担う商店や零細企業には過大な事務負担があるとされますが、毎年1％というように明確に予定できる変更であれば、一度作ったしくみやソフトを定期的に活用できるので、それほど過大な負担にはならないという見方もあります。

このような小幅で定期的な引き上げは、人々へのショックと過大な反応を緩和する意味で大きなメリットがあります。

実際、ＩＭＦは２０１７年7月のJapan Reportで、そうした小刻みで長期にわたる消費税引き上げは、その都度のショックを緩和して人々の反動を最小化できると同時に、時間をかけて財政健全化という長期目標を達成できるとして提案しています。

２０１７年10月の総選挙で大勝した政権与党は、２０１９年10月に予定されている消費税増税による税収を、教育無償化や全世代型社会保障の整備により多く使い、財政赤字補填への使用は削減する方針を明らかにしています。

教育や社会保障の充実はそれ自体として望ましいことではありますが、この方針で、財政健全化が遅れることは明らかであり、その意味では国民の不安はさらに高まることになるでしょう。

累積政府債務の問題が私たちの将来にとって、未来を担う世代にとって、大きな意味を持つことは誰にでもわかります。

政治家の最大の責務は、現在の有権者のためだけでなく、若い世代と将来世代のためによい国を作り、また残していくことではないでしょうか。

税について考える時に、「目の前の有権者に支持されるか」だけではなく、これからの世代のために、そして日本の将来のために、増税の是非を考えてもらいたいものです。

■相続税を活用するのも選択肢の1つ

一方、高齢化の急進国日本にとって相続税を活用することも選択肢の1つでしょう。現行の相続税は、限られた富裕層に課税され、その税率もますます引き上げられる方向ですが、それはやがて資本逃避などにもつながり、生産的ではありません。

むしろ税率を引き下げて、課税ベースを大きく広げる方が、負担感も軽くなり、また税収は大きく増加します。しかも超高齢化国日本では、死亡数がしばらく増えつづけるので、高齢化によって増大する社会的費用をまかなう有力な財源になる可能性があり、大いに検討すべき課題でしょう。

私は「子孫に美田を残すべきではない」という論です。いま相続税を払うのは、一部の富裕層だけですが、国民に広く課税すればいいのです。

現政権は勇気を持って、これからの世代のためにこうした長期的かつ小刻みな増税に踏み切るべきではないでしょうか。

２０１９年の消費税増税は０・５％とし、その後12年間ほどで消費税20％水準まで小刻み増税を段階的・持続的に行うのです。あわせて、相続税の税率を下げ、課税ベースを大きく広げて税収を拡大します。

政治家は選挙を考えてためらうのでしょうが、「これからの世代と日本の未来のため」と真剣に丁寧に訴えれば、理解を得られるはずです。

歳出改革・歳出削減

■最大の柱は社会保障給付の削減と効率化

歳出の合理化、効率化、スリム化による歳出削減も、財政赤字累積問題への対応策として重要です。これまで政府は繰り返し、財政改革で歳出の削減ないし効率化をはかってきました。しかしその効果は限定的であり、無駄を削減してもせいぜい数兆円の規模でしょう。

歳出削減の最大の柱は、社会保障制度改革による給付の削減もしくは効率化です。

しかし、社会保障制度は、国民生活の安定と一定の所得保障という本旨があるので、給付削減がその趣旨を損なわないような、システムの総合改革が必要です。そうした社会保障制度改革については次のIX章でまた詳しく述べたいと思います。

成長戦略

■国際的に注目を集める「一億総活躍」

経済成長は税収増加につながり、政府債務の削減に通じるので、財政危機のリスクを減らすうえで極めて重要な戦略です。

ただ、日本は人口の長期的な減少と高齢化によって労働供給制約が長期的に厳しくなることが目に見えているので、経済成長が政府債務の削減に果たす役割はかなり限られているという見方が通説になっています。

多くの推計によれば労働供給制約のため、日本経済の長期的潜在成長力は、年率でせいぜい0・5〜0・8％程度です。

生産性上昇率を1・2〜1・5％程度と見込み、そこから人口減少分0・7％を差し引くと、潜在成長率は0・5〜0・8％にとどまるという推計です。しかし、この程度では、債務削減にはほとんど貢献できません。

安倍政権は、前述のように、アベノミクスの3本の矢の中で、第一の金融、第二の財政とならび、第三の成長戦略を重要な柱と位置づけており、2013年、2014年、2015年と3度にわたり、成長戦略を打ち出してきました。その詳細はⅣ章で述べたので、ここでは繰り返しませんが、アベノミクスの上記の成長戦略はこれまでのところ、経済成長を促進するめぼしい効果は確認されていません。

そこで安倍政権では2016年以降、第二段階のアベノミクスとして「一億総活躍」と称して新三本の矢を打ち出しました。これまで十分に労働市場で活用されてこなかった高齢者や子育て期の女性労働力などの就労環境を改善し、彼らに働いてもらって経済成長への貢献を期そうという戦略で、人口減少に直面する成熟国の経済成長政策として国際的にも注目されています。

これらの政策は、構造改革によって経済の潜在成長力を高めようというもので、それが経済成長の成果に結実するまでには時間がかかります。アベノミクスは2012年末に開始されて5年しか経っていないので、成長戦略の効果を判断するには時期尚早かもしれません。

■ドイツが成功させた構造改革「アジェンダ2010」

構造改革が経済成長を促進した実例として、ドイツのシュレーダー首相が断行した構造改革「アジェンダ2010」が参考になります。

シュレーダー首相は1998年に社会民主党（SPD）の党首として連邦首相になり、2003年から鋭意、構造改革を推進しました。これは社会民主党の支持基盤である労働者層の既得権を削減する大胆な改革だったので、国民には必ずしも歓迎されず、2005年に降板を余儀なくされました。

シュレーダー氏は、こうした構造改革は効果が出るまでには時間がかかる、しかし2010年頃には効果が出てくるはずだ、という考えから「アジェンダ（議題）2010」の名をつけたとされています。

シュレーダー改革の趣旨は、労働市場の柔軟性を高め、年金給付を事実上削減し、企業が収益を上げられる環境を整備して雇用増加を目指すというものでした。

シュレーダー改革の主な内容は以下のとおりです。

（1）失業保険制度の改革：長期失業者給付金を引き下げるとともに、支給基準を厳しくしました。これによって失業保険財政の健全化が進むとともに、雇い主負担も削減されました。

（2）低賃金部門拡大：低賃金労働者の所得税・社会保険料支払い免除。これによって経営者が低賃金労働者を雇う際の社会保険料分担のコストが減るので、低賃金労働者の雇用が増えました。これはミニジョブ制と通称されます。

（3）公的年金制度の改革：支給開始年齢65歳から67歳への引き上げ。これによって長期的な年金支給額が実質的に大きく削減され、これも雇い主の分担費用が削減につながりました。

（4）公的健康保険制度改革：加入者の自己負担の導入。これによって健保財政の安定化がはかられました。

（5）賃金労働柔軟化：雇用や賃金面での柔軟性を高めることで、企業の労働費用負担が軽減されました。

（6）派遣労働規制緩和：派遣労働期間の制限廃止。これにより雇い主は派遣労働者をより雇いやすくなって雇用が増え、人材派遣会社の雇用も急増しました。

（7）所得税・法人税減税、キャピタルゲイン（株譲渡などによる利益）課税の廃止：こうした税制改革で経営者の負担が大きく軽減されました。

これらの政策の結果、ドイツ経済は２０１０年頃から労働コストの伸び率が著しく低下し、失業が減少、経済成長率が高まることで、税収も上がり、財政赤字が大幅に削減されるなどめざましい成果が達成されました。

ドイツの経験を参考にすると、労働力人口が低減する成熟経済でも労働・社会保障を柔軟化する徹底した構造改革を実行すれば、経済成長と税収がアップし、財政再建という好循環を実現することは不可能ではない、と言えます。

シュレーダー改革は、それを日本と共通点の多い先進国ドイツで実現してみせてくれた貴重な参考例です。

日本でも、増税、歳出削減、そしてシュレーダー改革のような経済成長戦略を総合的に強力に推進することで、財政再建を実現することは十分に可能でしょう。

Part IX
社会保障改革への提言

社会保障制度改革は、歳出削減のためのもっとも重要な改革です。この分野では、すでに多くの専門家によって有意義な改革案が提案されています。主要な提案の論点を整理しつつ、その有効性を考えてみましょう。

年金改革

■保険料率の引き上げはすでに限界

保険料率の引き上げは、財政赤字累積のほとんどが社会保障給付の増大によるようになった1990年代以降、財政赤字増大を抑制する手段として有力な選択肢と見なされてきました。

実際に、保険料率の引き上げはこれまでたびたび繰り返されてきています。2004年改革で定めた「2017年度までに18・3%」という引き上げスケジュールがあり、さらなる引き上げをすることは、その公約を破ることになります。

公約破りかどうかはともかく、それ以上の引き上げは現役世代の負担をさらに増やし、勤労意欲にマイナスになってしまうおそれがあります。

そのうえ、現役世代ならびに将来世代と受給世代との世代間格差をさらに拡大することになり、年金制度としてはこうした拠出率の引き上げはすでに一定の限界に達しています。

■「マクロ経済スライド制度」を適用すべき

「マクロ経済スライド制度」の適用は給付を長期的に削減する有力な手段です。

マクロ経済スライド制度は2004年改革で導入されました。毎年、年金給付額を0・9%ずつ切り下げていくことになっています。

その引き下げ幅の根拠は、公的年金の被保険者の減少率0・6%と平均寿命の伸び率

0・3％を足し合わせた数値ということです。この切り下げ率を毎年適用すると、給付総額は22〜23年間で約20％の切り下げになります。

ところが、2004年にマクロ経済スライド制度を導入して以来、今日まで一度も適用されていません。その理由は、「この制度はインフレ時に適用する。適用すると年金名目額が減少してしまう場合には、調整は年金額の伸びがゼロになるまでにとどめる」という規定が法律に書かれているため、デフレ時には適用できないことになっているからです。

インフレ時だけでなく、デフレ時にも適用できるよう必要な法改正を行い、二十数年間適用しつづけると、給付総額は2割程度削減できます。

その結果、2004年改革が保証した「所得代替率50％」は維持できなくなりますが、政府は、次世代のために安定的な社会保障制度を再構築するという強い意志で、必要な法改正をしてでも、マクロ経済スライド制度の厳格で持続的な適用をすべきと私は考えます。

ただ同時に、マクロ経済スライド制度のこのような実行は、基礎年金の給付の削減にもつながります。低所得階層にとっては給付削減の影響がかなり大きくなります。

長期的な給付削減は年金制度の持続可能性を高める効果はありますが、同時にとくに低所得階層の再生産能力を阻害し、社会基盤そのものを弱体化させる副作用もあります。

この点に留意し、給付の長期的削減のもたらす副作用を克服する、総合的な社会保障システムを構築する必要があります。それについては次章で詳しく述べましょう。

■支給開始年齢の引き上げを

日本での年金支給開始年齢は現在65歳ですが、多くの国々が67〜68歳水準に引き上げ、もしくはその移行過程にあります。参考のために、図14に主要国の年金支給開始年齢とその引き上げスケジュールを例示しましょう。

このデータからわかることは、各国とも、国民の平均寿命を勘案して平均受給期間があまり長くならないように、すなわち、年金財政の負担が過度に重くならないような適切な年齢に支給開始年齢を定めていることです。日本はこれら先進諸国にくらべると支給開始年齢が早いために、平均受給期間が突出して長く、したがって、年金の財政負担が重くならざるを得ません。

支給開始年齢の引き上げは、もうすぐ退職する世代が反対しないように、改革法案が通っても実施までに少なくとも10年以上、間を空けるのが普通です。たとえば、アメリカで

■ 図14　年金支給開始年齢の国際比較 ■

国	支給開始年齢（歳）	平均寿命（歳）	平均受給期間（年）	引き上げ時期
日本	65	80.1	15.1	2025年
イギリス	68	78.2	10.2	2025年
フランス	67	78.2	11.2	2023年
ドイツ	67	77.5	10.5	2029年
オーストラリア	70	79.5	9.5	2035年
アメリカ	67	76.2	9.2	2027年
デンマーク	69	77.3	8.3	平均寿命との連動を検討中

は65歳から67歳に引き上げる際、決定から開始まで20年かけることにしていますし、イギリスでは65歳から68歳に引き上げるのに17年かけています。

日本では定額部分と報酬比例部分を合わせた、支給開始年齢の65歳への引き上げ完了予定は２０２５年です。その後、すぐに次の引き上げに着手するためには、遅くとも２０１４年の財政検証時に議論し、２０１５年には改革をすべきでした。そのタイミングを失したのは残念なことです。

支給開始年齢の67～68歳水準への引き上げは、高齢者の雇用機会を増やす構造改革の強力な推進と合わせて、年金制度の長期持続性確保のためにできるだけ早くに着手すべきです。これは社会保障財政を健全化するうえで、もっとも重要な施策と言えます。

■最大の制度的欠陥「賦課方式」

日本が直面する財政赤字累積の最大の原因が、高齢化過程での社会保障給付の持続的かつ加速度的増加であることを繰り返し指摘してきましたが、事態を悪化させている最大の制度的欠陥が、年金制度をはじめとする社会保障制度の「賦課方式」にあることは明白です。

賦課方式は、受給世代への給付を、現役世代が負担する制度です。現役勤労世代の負担能力には限界があるので、不足分は国債発行によって将来の世代に賦課することになり、社会保障制度にかかわる世代間の収支に莫大な格差を発生させ、なおとめどなく拡大させる悪循環を生んでいます。

ローレンス・コトリコフ教授らは、人々が生涯にわたって享受し得る所得や社会保障給付ならびに負担する税や社会保障拠出などをもとに、長期にわたる経済成長や利子率などの経済変数を前提としたうえで、世代別に純所得を算出する「世代会計」の方法論を開発。一定の社会保障や税制のもとでは、世代別にどのような格差が生ずるかを推計しています。

コトリコフ教授らの方法論を応用して日本でも多くの推計が行われてきましたが、多くの推計が、現在の給付金受給世代と若年層の間には、平均で数千万円にも及ぶ大きな格差が存在することを示しています。

たとえば、鈴木亘氏は、厚生年金加入の男性について世代別生涯収支を試算すると、1940年生まれの人と2010年生まれの人の間には、5500万～6000万円程度の格差がある（鈴木2010）と推計しています。

また、小黒一正氏は、60歳以上世代は生涯収支で4000万円程度の純収入になるが、将来世代では8000万円程度の純損失となると推計しています（小黒2016）。

島澤諭、山下努両氏は、論文発表時で20歳代の人々は生涯収支が2400万円ほどのマイナスになるが、60歳代では1500万円ほどのプラスになると推計しています（島澤諭・山下努2009）。

これからさらに高齢化が加速して社会保障拠出が増大する反面、現役の稼得世代がしだいに減っていくと見込まれます。社会保障制度の、将来にわたる潜在負債を考慮すると世代間格差はさらに膨大に拡大することが推察されます。

この巨大な格差は、かならずしも直接、財政危機や財政破綻のトリガーになるものではありません。しかし、こうした将来にわたる巨大な世代間格差の存在は、社会の分配構造として正当化も許容もできるものではなく、それが人々や社会の大きな将来不安の背景になっていることは否定できません。

■「積み立て方式」への変更という問題提起

このような現行の社会保障制度の欠陥を、根本的に是正するもっとも直截な方途は、現行の「賦課方式」から元来の「積み立て方式」に制度を変更することでしょう。

しかし、現行の賦課方式を本来あるべき積み立て方式に変更もしくは改革することは、変更期の世代に二重負担を課することになるなど、多くの難しくかつ大規模な問題を発生させるので、現実には容易ではありません。

それでも積み立て方式への変更は、本質的な問題提起なので、これまでにも八田達夫・小口登良『年金改革論』(1999年)、小黒一正『財政危機の深層』(2014年)などいくつか有益な提案が出されています。

完全積み立て方式への変更は、現役世代に追加負担で貯蓄を強制するにせよ、あるいは、巨額の国債を発行して制度移行期世代の負担をまかない、複数世代で長期にわたって償却するにせよ、壮大な制度改革になります。

このような具体的な提案は、年金をはじめとする社会保障制度が賦課方式で運用されることで、世代間の巨大な格差を拡大しつづけるという深刻な制度矛盾に対し、国民の社会的な注意を喚起するという意味でたいへん有意義です。この問題を根本的に解決することはかならずしも不可能ではない、という展望を示唆している点で参考になります。

医療・介護改革

■質を落とさない改革が求められる

医療・介護の分野は、高齢化の進展にともなって急速に給付費が増大している分野であり、重要な改革分野です。

図15に見られるように、高齢化にともなって社会保障給付費は全体として持続的に増加

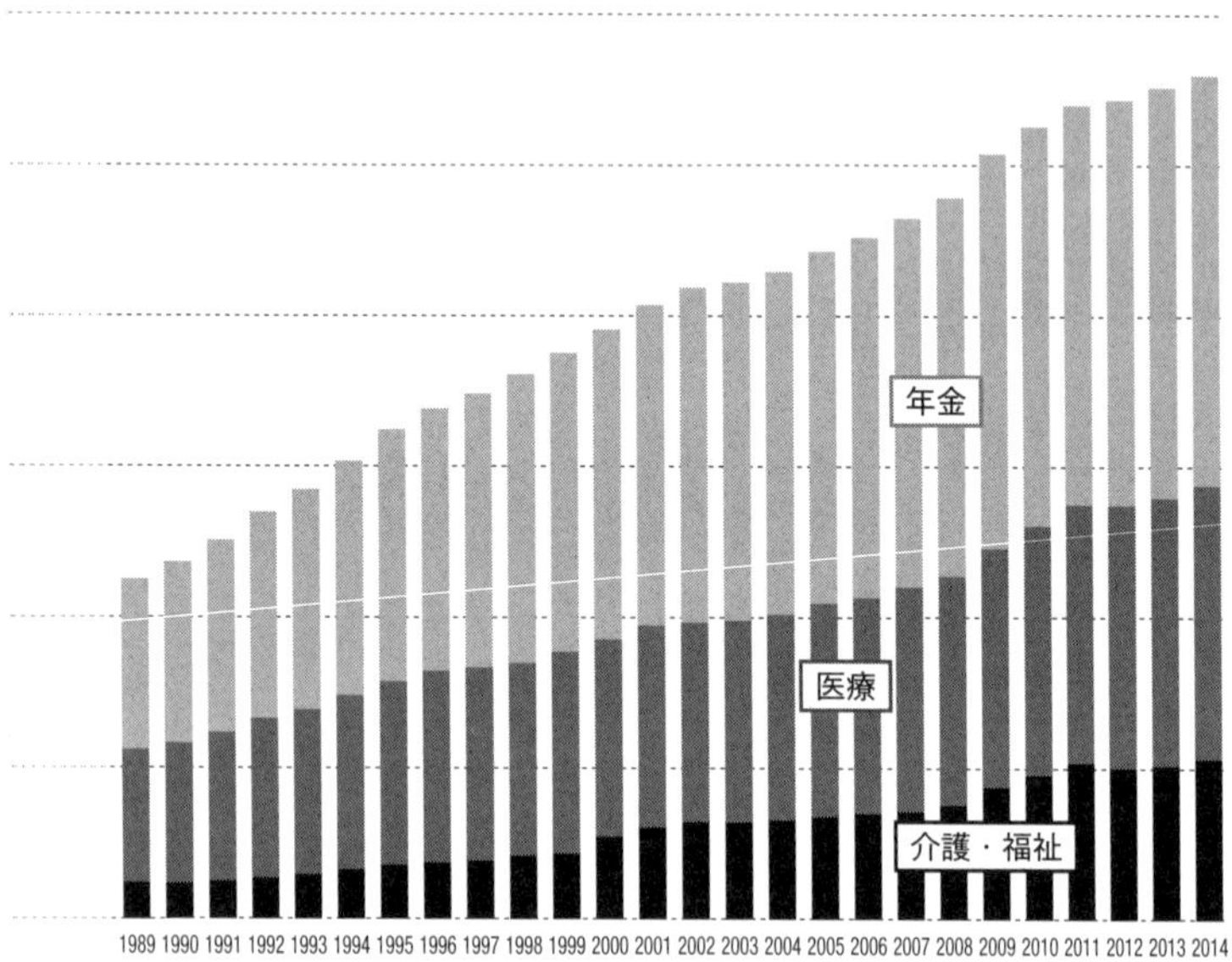

しています。その中でも、とくに1990年代以降、医療と福祉（介護）の給付額の伸びが大きいのがわかります。

2010年代以降は医療と福祉（介護）給付額の伸びが大きく、最近では医療と介護の合計が年金給付額を上回るようになっています。伸びと比重が増大しているだけに、伸びを適正な範囲に収めるために効率化を進めることが必要です。

ただし、医療・介護は国民1人1人の健康と生活に直結

図15　社会保障給付費増大の趨勢：年金、医療、介護・福祉

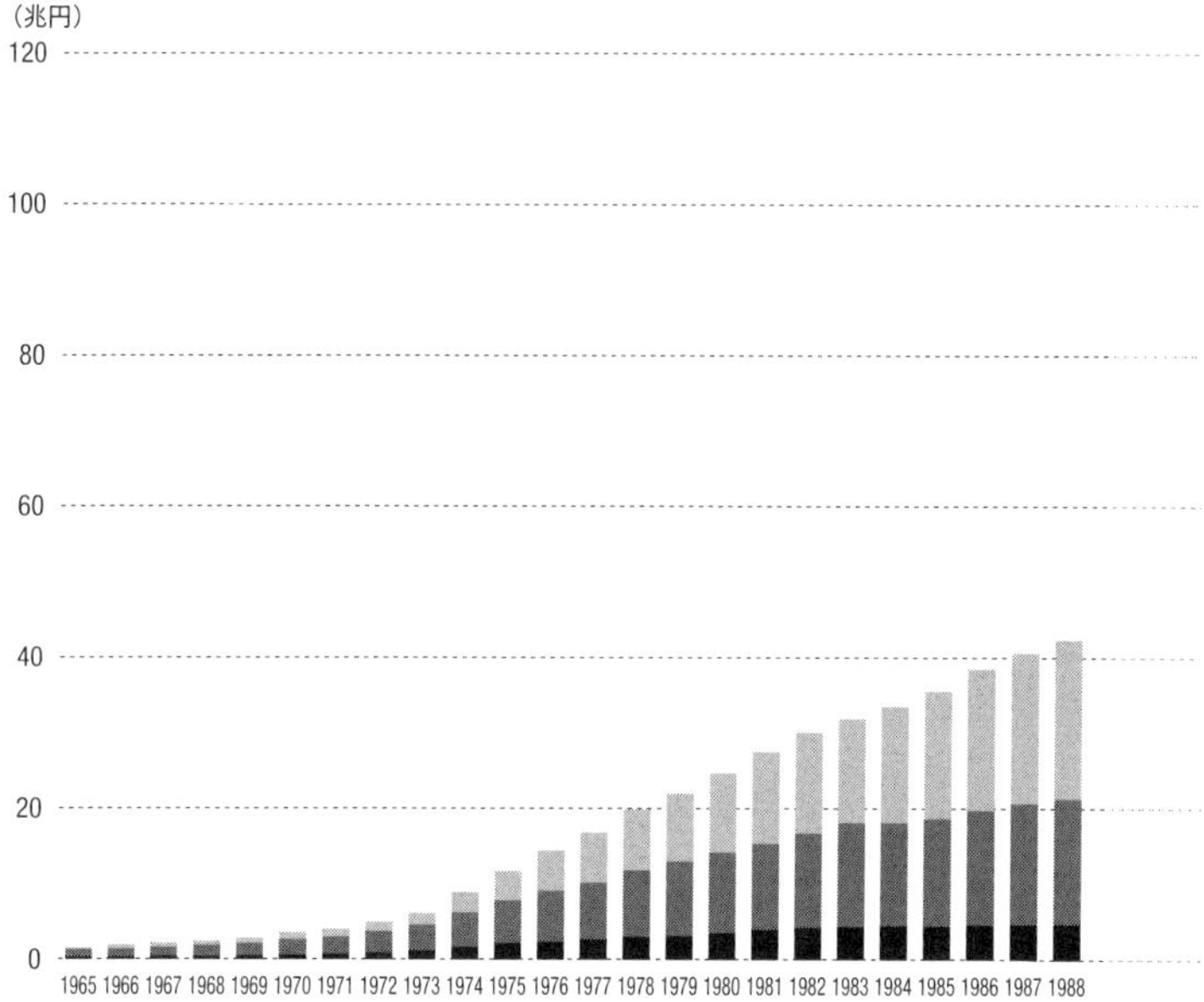

出典：国立社会保障・人口問題研究所「社会保障費用統計」

しており、数字の上で議論のできる年金とは異質の問題です。医療や介護は、受給者の生活ニーズをふまえ、質を落とさないような適切な改革が求められます。

また、医療・介護はサービスを提供する活動なので、雇用を生み、産業としても大きな比重があります。

実際に、最近10年の日本の就業者数の変化を見ると、２００６年から２０１６年の10年間に６３８９万人から６４６５万人へ76万人増加し

ており、その期間に、製造業では1163万人から1045万人へ118万人減少しているのに対し、医療・福祉部門では、同じ期間に、571万人から811万人へ240万人も増加しており、日本の経済を大きく支えていることがわかります。

■世界に誇れる日本の皆保険制度には問題も

日本の医療は1961年、国民皆保険・皆医療として全面的に整備されました。当時、日本は発展途上の中進国であり、所得も低く、経済力も不十分でした。そんな国で、国民全員に統一された保険制度で同じ医療サービスを提供する体制を構築したのは、世界でも傑出した試みだったと言えるでしょう。

現在でも、「健康保険証」が一枚あれば、全国どこでも同じ医療サービスを受けられる体制は世界でも先進的であり、誇れるしくみです。

その一方で、医療や介護・福祉には、多くの問題が残されています。

医療の場合、医療資源の蓄積がまだ不十分な中で国民皆医療体制を始めたので、サービス提供側に多くのひずみを生みました。医師や医療関係者の長時間かつ過重な労働や低賃金などは国際的に見ても大いに問題です。また、病院の経営難という問題もあります。

一方、患者側から見てもベッドあたりの医療人員やスタッフの不足は日本の医療の難点です。医療スタッフが少ないのでサービスが手薄になり、いきおい入院日数が長くなる傾向があります。

参考のために、入院日数を国際的に比較してみると、日本の急性期の平均入院日数は、1994年に35日でした。2006年には19・2日　2016年には16・9日と、相当改善はされてきていますが、この日数は国際的に見ると突出して長いのです。

たとえば、OECDのデータによると、フランス5・4日、アメリカ5・6日、イタリア6・7日、イギリス7・5日、ドイツ7・9日と、欧米諸国は日本よりはるかに短いのです。欧米では10年以上前からほぼこのような水準です。このデータからも日本の医療の質の問題が透けて見えます。

■ベッド数は多いが医師の少ない日本

また、日本は人口あたりのベッド数が多いのですが、それにくらべて医師が少ないというデータを図16に示しました。

これらのデータは、日本は国民皆医療体制を宣言して病院やベッド数は増えたものの、

■図16　ベッド数は多いが医師の少ない日本■

	1000人あたりのベッド数（床）	病床100あたりの医師数（人）
日本	13.2	17.9
ドイツ	8.2	49.9
フランス	6.2	53.8
イギリス	7.1	102.4
アメリカ	2.9	88.6

出典：OECD　2016年時点

サービスが追いついていない、サービス人材の配置が少ないという現状を浮き彫りにしていると言えます。

日本の医療については、3時間待って3分しか診てもらえない「3分診療」とか、都市と地方の医療格差の問題、救急患者や難病患者のたらい回し、小児医療や産科医療の手薄さなどが指摘されていますが、国民皆医療という誇るべき体制を謳っている反面、結果としてこのような医療の質の低さがなかなか改善されずに残っていることは問題です。

国民皆保険・皆医療という優れた体制を持ち、また医療サービスの面でも無償医療を行っている欧州諸国などよりフレキシブルな部分もあるのですが、しかし医療の質の面ではまだ多くの課題が残されています。端的に言えば、高質で、十分に安心感のある医療サービスが不足もしくは欠如しているということです。

■北欧やアメリカの医療はどうなっているか

そこでもう一歩、視野を広げて、日本の医療のあり方を海外の医療と質的に比較してみましょう。海外の先進国の中でも、とくに福祉国家とされる北欧、一方その対極とされるアメリカの医療はどうなっているのでしょうか。

〈北欧型〉

北欧型は、スエーデンやノルウェーなど北欧諸国のほかに、ドイツやイギリスなどにもある程度共通したモデルです。これらの国々では、国民皆保険・皆医療が整備されており、医療サービスは基本的に無償ですが、その費用は国民の税負担でまかなわれています。

医療や社会保障、教育などを公的サービスでまかなうので、国民負担は当然重くなりますが、それだけにその福祉体制の運営は厳格で、無駄や甘えを排除し、資源の効率的活用が志向されています。こうしたしくみは国民の理解と受容があるからこそ成り立っていると言えます。

これらの国では、たとえば歯科治療など緊急性の低い医療サービスは治療を受けるまでに長く待たされる、あるいは、介護施設などでもできるだけ自立を重んじて寝たきりなどにさせないため、寒い日でも外の散歩を義務付けるなど、サービス受容者にとって厳しい面もあるようです。

車椅子1つとっても、スエーデンやドイツの車椅子は、ベッドと車椅子の乗り降りを自力でできるよう、手すりなどが取り外しやすいように作られている一方、座位の褥傷《じょくしょう》を避けるクッションに工夫があるなどの特徴があります。

それにくらべて日本の介護施設では利用者を寝たきりにする傾向が強いほか、車椅子を後ろから押してもらう介護者依存が多く、また、褥傷対策に遅れが見られます。

〈アメリカ型〉

アメリカでは基本的に医療費用は個人負担です。したがって大企業従業員と低賃金層では大きな格差があります。大企業の従業員は高額の保険料を労使折半で支払っていますが、高質の医療サービスが受けられます。一方、小零細企業の従業員や低賃金層の多くは無保険で、約4000万人もの無保険者がいると言われます。

オバマ前大統領は多くの無保険者がいるという実態を改善しようと「オバマケア」とし

て、国民皆保険の制度化を目指しました。しかしトランプ大統領はとにかくオバマ前大統領の政策にはすべて反対するという態度をとっており、オバマケアに代わる共和党案を提出しています。

これはオバマケアの国民皆保険制度よりはるかに後退したものなので、国民皆保険の実現は怪しくなっています。

■日本はどちらを目指すのか

世界にはこうした対照的な医療制度がありますが、日本はどちらを目指すのか、あるいは日本独自の方向を模索するのかが問われます。

福祉には大きく分けて、自ら助ける「自助」、共に助け合う「共助」、そして公の助けである「公助」があります。現状の日本はどちらかと言えば、「公助・共助重視」といっていいでしょう。アメリカは明らかに「自助」です。アメリカ型の自助で強者優先の社会は、日本にはなじみ難いでしょう。

一方、北欧は高負担高福祉で「公助」を完備し、「共助」が補完するという体制ですが、しかし甘やかさない「自助」も重視されます。

それにくらべると現在の日本の福祉は中負担中福祉であり、医療・福祉の内容が中途半端です。日本は高福祉の欧州に近いあり方を志向すべきように思われますが、今後仮に欧州型を目指すとして、高福祉をまかなうコストを負担できるかが問題です。

現在の日本の負担は、先進国とくらべて国民負担も企業負担も決して高くはありません。参考のために国民負担率を主要国で比較すると、日本は42・5％（2017年度）、これにくらべ欧州諸国は2014年時点で英国45・9％、ドイツ52・5％、スエーデン56％、フランス68・9％です。

また、社会保障財源の事業主負担を見ると2013年時点で日本は6・2％、イギリス8・2％、ドイツ10・6％、フランス13・9％、スエーデン11・4％です。

■国民の政府依存が過多だった日本

当然のことですが、サービスをともなわずに負担が増えるだけでは、国民はそれを受け入れないでしょう。負担に見合う高質のサービスが提供されること、国民が安心して生活していける社会条件が整備されることが必要です。

財源に制約がある中で、質の向上を目指すためには、しくみの構造と運営をできるだけ効率化する必要があります。

医療に限らないことですが、これまでの日本のやり方は、政府の規制偏重と国民の政府依存が過多であったように思います。日本では図15（158ページ）にも示されているように、高齢化にともなって医療費がうなぎ上りに増大してきました。

政府は医療費増大を抑制するために、さまざまな規制を行ってきました。規制には量的規制と価格規制がありますが、政府はその両方を強化する一方で、市場による量と価格の調整機能を排除してきました。

量的規制の例をあげると、病院や病床の量的規制を行ってきたため、結果として地域格差、部門格差が拡大しました。また高齢者の慢性的疾患の治療のための入院、いわゆる社会的入院を3カ月に限るといった量的規制で、高齢者が3カ月ごとにたらい回しにされる弊害が生まれました。

他方、医学部新設を40年間も禁止してきたために、高齢化が進むこれからの社会で、深刻な医師不足になることが懸念されています。とくに高齢者の多い大都市の医師不足、医療サービス不足は深刻になると予想されています。

■質の差が考慮されない診療報酬体系の弊害

価格規制の典型例は、診療報酬体系の運営でしょう。診療報酬は医療行為や薬剤の点数（価格）を規制するしくみですが、ここでは質はほとんど考慮されていません。同じ名称の医療行為なら、名医も未熟な医師も診療報酬は同額です。質の差を考慮しないこのような規制は医師のインセンティブも患者の要望も満たしません。

また、医療費抑制のため、薬価が機械的・持続的に引き下げられてきましたが、それは日本の医薬産業のイノベーションを阻害する結果になり、新薬の開発が国際的にも遅れることになりました。

これらの弊害は、日本の医療行政が、規制や統制を優先させるあまり、市場の競争機能を排除してきた結果として増大しています。

私見では、日本の市場機能をもっと活用すべきと考えます。市場機能とは、市場の自律的な需給調整機能です。需給が逼迫すれば市場価格は上がりますが、その時、イノベーションで生産性を向上させれば、価格を引き下げることができ競争に勝てます。競争に勝てば利益が生まれるので、イノベーションがさらに促進されます。

このように市場の自律的競争機能を生かすことでイノベーションが促進され、品質が向上し、患者など利用者もその成果を享受することができるのです。

競争機能を生かすためにもっとも重要な要件は、情報の開示、とくに質に関する情報の開示です。

日本の診療報酬制度は、医療の質を無視していると述べましたが、日本では医師や医療機関の質に関する情報がほとんど開示されていません。それがあれば、患者など利用者は情報を頼りに医師や医療機関を選択することができます。

利用者が質にもとづいて選択するようになると、医師や医療機関もたがいに競争せざるを得ず、その結果医療の質は向上し、向上させられないサービス提供者は敗退し排除されていくという好循環が生まれます。

アメリカの医療は問題が多いと述べましたが、しかし情報開示と競争という面では学ぶべきこともあります。たとえば、アメリカでは、ＤＲＧ－ＰＰＳ（Diagnosis Related Group-Prospective Payment System）というシステムがあります。

これは、同種・類似の傷病のグループごとに算定された標準医療費に、医療保険支払いを連動させ、ネットに掲載して閲覧できるようになっているものです。

このしくみでは、医療費と医療結果（成果）が開示され、患者による医療機関・医師の選択が可能になります。その結果、医療機関の競争が刺激され、質とサービス向上につながります。

日本でもこれに倣って、DPC（Diagnosis Procedure Combination）という、医療機関の1日当たりの標準医療費を開示する制度が2003年から導入されましたが、現状を追認するだけなのでこれまでのところ、効果はあがっていません。

■加入者が医療保険を選択できるようにすべき

また、医療保険の面でも、被保険者にもっと選択の幅を広げ、保険者（保険組合など）間の競争を刺激し、サービスの質の向上をはかる余地は大きいでしょう。

日本の医療保険は、政府管掌健康保険（国、中小企業勤労者等　3500万人）、組合健康保険（組合、大企業勤労者等　3000万人）、国民健康保険（市町村、自営業・農業等　5400万人）、その他、各種共済組合、国保組合などから構成されています。

これに対して、民間保険者の参加はまだ微々たるものです。民間保険に加入するかどうかは個人の自由選択ですが、民間保険の参入条件を緩和して、人々の選択の余地を広げることで、保険のイノベーションが刺激されるでしょう。

ドイツなどでは行われていますが、たとえば、大企業勤労者が所属する組合健保の保険者を、被保険者である勤労者が選択できるようにして、サービスの向上をはかることも有益でしょう。

これまで医療における市場競争の効能を述べてきました。競争による効率化とイノベーションが、どれだけ医療費の削減に有効かは必ずしも明らかではありませんが、しかし、質の向上は医療による安心そのものにつながりますので、市場機能の活用を進める意義はあるはずです。

■介護保険制度の問題点

介護も、医療と同じ現業サービスなので多くの共通点があります。

日本では1990年代の高齢化の進展をふまえ、2000年に介護保険制度が創設されました。

これは急速に進む高齢化社会での安定と安心のために必要な制度ですが、さまざまな問題があります。ここでは、介護業界に特有な問題をいくつか例示したいと思います。

1つは、介護費用の増大が加速していることです（158ページ図15）。それには多くの原因がありますが、介護保険制度の設計や運営にも問題がひそんでいます。

たとえば、介護保険では、近年、自立支援の生活サービスもカバーするようになりましたが、家政婦代わりに介護を頼む事例が増加しており、それを黙認するかどうか自治体間で大きなバラツキがある実態が報じられています（「日本経済新聞」2017年9月10日）。

これは自治体にチェック機能がないため、ケアマネジャーと事業者が組めば何でもできるという制度設計上の欠陥でしょう。

また、介護施設は、建設費には5〜8割、運営費には7〜9割もの補助金が出ます。たしかに介護費用の負担能力が乏しい入所者は多いので、それなりの運営費の補助は必要ですが、介護事業者にとっては安定した収入が期待できることになり、介護事業の開設には高い需要があります。

他方、受け入れ側の地方自治体にとっても、過疎化や空洞化の進む地域では、介護施設は補助金と一定の雇用を生むので、強い誘致誘因があります。

介護施設は、地域ごとに3年に一度策定される「地域福祉計画」にもとづいて認定されますが、施設運営には上記のメリットがあるので、認定はしばしば自治体の政治家と地元の有力事業家を巻き込んだ政治決定になる傾向があり、そうした状況下で、公費がどれだけ効率的かつ効果的に使われるか、公正で厳密なチェックが必要でしょう。

■介護・保育事業にバウチャー制度導入を

保育などでも施設の認可や参入については不透明な慣行が指摘されています。保育の事業者は、介護事業者と同様に、伝統的に公益福祉法にもとづく公益福祉法人が優先的に市場を事実上支配してきました。

公益福祉法人の資格を持った事業者はいわばこの業界の既得権者でした。既得権者として地域や業界における支配的影響力があり、新規参入者の審査などに対して隠然たる影響力を行使してきた歴史的経緯があります。

政府の子育て支援方針のもとで、民間の事業者の参入が期待されていますが、地域の現場では最近はかなり改善されてきたとはいうものの既得権者の排他的な影響力があり、なかなか民間のイノベーティブな業者の参入が進まない現実があります。

また、この分野における政府の規制も時代遅れのものが多く、それが既得権者の利益とも結びついて、利用者の利便にそぐわない運営が依然として行われているという実態があります。

そうした慣行を打破するには、事業者に補助金を渡すのではなく、利用者に利用券（バウチャー）を渡して、利用者が事業者や施設を選択できるようにするバウチャー制度の導入が有効です。バウチャー制度導入のメリットについては保育や介護の分野ではすでに何十年も提起されてきましたが、まだ実施される段階にいたっていません。そろそろ改革を実行すべき段階に来ているように思います。

安倍政権では2018年には教育無償化の実施を本格的に始めるとしていますが、教育の分野でも、単なる教育費の無償化よりも教育バウチャー制度を実施する方が、学校や事業者の競争を刺激してよりよい成果につながるのではないかと思います。

Part X

目前の危機を克服し、若い力で新しい日本を築こう

これまで見てきたことを総合して、今私たちが何をすべきかを改めて考えたいと思います。高率な税負担を要請する以上、国民全体の安心社会を構築するという確約がなければいけません。そのためにはどのような社会構造や社会保障制度が望ましいのでしょうか？

経済環境と社会構造の大きな変化

■平等になった労働環境が、戦後復興の原動力だった

国民全体の安心社会とはどのようなものか、を考えるうえで必要なテーマのうち、まず

はすべての基本となる「雇用」から見ていくことにします。

ここで、いわゆる日本型雇用制度の功罪を理解するために、日本の労働制度や慣行の歴史的変化について振り返っておきましょう。

終戦直後、労働大改革が行われました。連合軍総司令官マッカーサーによるものと言われていますが、実際に推進したのは内務省の若き官僚でした。ちなみに、農地改革も実質的に行ったのは農林省の若手官僚です。

彼らはたいへんリベラルでした。戦前の日本は厳しい身分社会で、企業の経営は「白足袋経営」と呼ばれていました。財閥系の大企業の社員などは羽織袴で白足袋を履いていて、白足袋が汚れる工場などの現場には行かないという意味です。一方、工場で働く人は地下足袋を履いていました。

しかし、日本は戦後の改革で事務系の社員も工場労働者も、生産現場、食堂、トイレ、すべて一緒にしました。給料もそうです。アメリカは今でも経営幹部やホワイトカラーは工場には行きませんし、食堂も違います。また、アメリカでは社員は年俸制、労働者は週給制ですが、日本ではみんな月給制です。

この、共産主義よりも平等な制度を作ったのが、民主主義や平等を非常に大切にした彼らリベラルな若手官僚だったのです。

こうした改革にもっとも応えたのが、現場の労働者でした。戦前と違ってみんなが同じスタートラインに立てるようになったのですから、何倍も働きました。彼らの現場での働きが戦後日本の焼け野原からの復興の大きな力となったと言えるでしょう。

■「日本型雇用」で成り立っていた社会保障制度

現行の社会保障制度は、その後の1950〜70年代前半に構築されています。その時代の社会とは次のような状況でした。

人口構造：人口に占める若い層が多く、しかも急速に増大していました。
家族構造：大半は親と子の二世代家族。両親と、子供2人以上が一般的でした。
高度成長時代：50年代後半から70年代前半にかけての約20年間、日本経済は年率平均で実質10％という高度成長時代でした。
企業の雇用制度：日本企業に特徴的な雇用慣行が形成され制度化されました。いわゆる「年功賃金、終身雇用」と呼ばれる雇用慣行、制度です。

人口に占める若い層が多く、経済が急速に拡大しているので、多くの若年労働者を低賃金で一括採用します。企業内でOJT（on the job training）を通じて彼らに経験を積ませ、技能を高めます。そうした生産性の上昇に応じて、賃金率を定期的に引き上げてゆく。経済が成長をつづけているので、一度採用した労働者は原則的に雇用しつづけることが可能でした。

雇用された労働者のほとんどは雇用期間の定めなく雇われていて、無限定な雇用に従事する「正社員」でした。

この時代以前には、1年など雇用期間を定める臨時工と呼ばれる人々が多く存在しました。しかし、高度成長時代には臨時工の待遇では人が集まらなかったのです。こうして臨時工の数は減少していきました。

その結果、年功賃金、終身雇用という「日本型雇用制度」が定着したのです。

現行の社会保障制度はこうした経済環境、社会構造、雇用制度を前提としており、これまでは大きな矛盾なく機能してきました。

年金（厚生年金）：長期雇用の正規労働者を前提として設計されました。また、遅ればせながら85年に、専業主婦を「第3号被保険者」として年金制度に組み入れ、国民皆年金を一般化しました。

医療：61年に国民皆保険・皆医療を謳い、それを支える健康保険制度を整備しました。

介護：この制度だけが異質で、2000年に創設されています。この時代以降の社会変化、とくに急速な高齢化をふまえて設計されたものです。

失業保険：高度成長がつづき、失業の発生は少なかったものの、まれな原因で失職した労働者が対象です。「失業という事故」から復帰するまでの間、短期の所得保障をしてくれる保険です。

生活保護：病気やその他さまざまな理由で就労困難、あるいは生活を支える所得を得られない人々に対する支援ですが、比較的少数で例外的な位置付けです。

■人口ボーナスからオーナスの時代へ

しかし、70年代以降、経済環境の大きな変化が起きました。高度経済成長は70年代前半の石油危機を契機に終焉。それまで平均年率10％あった経済成長は5％前後に低下しました。

さらに、90年代初頭のバブル崩壊以降、経済成長は1％前後で低迷し、デフレがつづき、２０１０年代初頭まで低迷しました。

成長期待が消え、デフレがつづくという諦観のもと、企業の雇用・投資行動、家計行動が当然変化しました。そしてこの時期、人口構造の大転換が起きます。

現在の人口を維持する出生率は２・０８です。維持すればいいのですから夫婦２人に対し子供２人で２・００でよさそうなものですが、事故や病気で亡くなられる人がいますから、計算上は２・０８となります。

高度成長時代前は5台だった出生率は、高度経済成長の頃は2前後となり、「失われた20年」の時代には１・４～１・３に減少し、人口は見る間に縮小していったのです。高度経済成長期は急速な人口増加で支えられた「人口ボーナス」の時代でしたが、現在は人口が縮小していき、経済成長を低下させる「人口オーナス」の時代です。

人口が縮小すると、企業行動、つまりは雇用行動、投資行動、資金配分のすべてが変化します。とくに、１９９０年代から２０００年代の「失われた20年」は、就職〝冬〟の時代でした。

■硬直的な日本の労働法制

日本の労働法制は特殊で、とくに解雇法制は厳格です。解雇には指名解雇と整理解雇の2種類があり、指名解雇はある人物を特定した解雇で、日本では事実上不可能です。整理解雇は、工場が閉鎖されたなどという場合は認められるものの、4条件というものがあります。

①ほんとうに部門閉鎖があったのか
②配置転換の余地はないか
③選択の可能性は担保されているか
④手続きは妥当か

これら4条件が厳重にチェックされるのです。要は、雇用側に勝手なことをさせない法制なのです。

企業としては業績悪化で雇用調整をしたとしても、一方で将来を考えれば新規採用したいのが当然です。しかし、この2番目の条件にひっかかってしまい、失われた20年の時代、新規採用ができなくなってしまいました。

1990年代初頭の就職〝冬〟の時代に就職できなかった最初の世代は、すでに50歳前後となっています。パートやアルバイトで生計を立てているので、家族を持てない人も多くいます。つまり、家庭の再生産機能が劣化してしまったのです。

この時期、「雇用の変動費化」が進みました。正社員で長期雇用の労働費用は固定費ですが、非正規社員やフリーターは変動費です。固定費が、変動費に変化していったのです。内閣府の「若年無業者に関する調査」によれば、90年代にはフリーターが200万人から400万人へと実に倍増しました。さらに、パート・アルバイト・派遣・契約社員などの形態を合計すると、91年には897万人だったのが、2016年には2023万人へと増加しています。

参考ですが、内閣府は「望まないが意に反して」フリーターとして働いている人も含めて調査したので400万人ですが、厚生労働省調査では自発的短時間就業、つまり「自分で希望してその仕事に就いている」人として調査したので、2000年の時点で150万人にとどまっています。当然そのような人はわずかで、厚生労働省のこの統計はあまり意味がないでしょう。

ちなみに内閣府「労働力調査」によれば、１９８４年に15・３％だった非正規労働者の比率が、２０１５年には37・５％に増えているのです。非正規雇用の比率が増大し、１９８０年代半ばには1割台だったのが、２０１０年代には4割近くへ、そしてさらに外注が増大しているという、労働者にとってまことに厳しい時代になっています。

■企業の投資行動が変わり、増える内部留保

また、企業の投資行動も変わりました。デフレで物やサービスの値段が下がるため、同じだけ努力しても売り上げは減ってしまいます。そうした状況では投資をしても期待する収益は望めません。その結果、国内投資は減少しました。

当時、日銀の慎重な通貨発行政策のもとで円高が進んだため、海外から物が買いやすいですし、海外への投資は進みましたが、国内の雇用は増えませんでした。そういう状態が10年もつづいてしまったのです。

そうした企業戦略の結果、たとえば日本を代表するトヨタの生産は海外と国内が半々で

すし、グローバル化を進めたキッコーマンは海外の利益が7割を占めています。アベノミクスのもとで、円安になって輸出が増えるはずなのに実際は増えていないのは、円高の時代に多くの企業が海外に拠点を移してしまっているからなのです。

企業は一方で、資金を借金返済と企業内留保にまわしました。これは、バブル崩壊の頃の「バランスシート不況」のトラウマという面もあるでしょう。

バブルの頃は、銀行がお金を貸したがったので、企業は借金をして土地を買いました。ところがバブルが崩壊すると、担保不動産の価格が下がりますが、借金はそのまま残ります。借金の分は減りませんが担保価値は縮小したので、多くの企業は債務超過になり、その結果、投資や消費が冷え込みました。これが「バランスシート不況」です。

企業は借金の返済に懸命なので、雇用も投資もできません。その記憶がトラウマとなって、今でも積極投資に踏み切れないのではないでしょうか。

■家族構造の変化と再生産機能の不全

一方で、家族構造の分解・多様化が進んでいます。家族が高齢化し、親の介護や老老介護が増え、高齢の単身世帯が増加しました。家族構造は多様化し、両親と子供という世帯がかつては大半を占めたのですが、今や4割にまで縮小しています。

さらに「標準世帯」、つまり夫が正社員で妻が専業主婦という世帯は今や3割程度しかありません。標準世帯という概念ももう成り立ちません。多くの家庭では世帯主が正規労働者ではなく不完全就業のため、共稼ぎは必須です。

そうした家庭では妻が専業主婦として子供の面倒を見られない家庭機能の不全が進み、子育てもしにくくなり、子供が作れない状況が広がっています。家族の再生産機能が弱まり、社会の再生産機能は劣化し始めているのです。

社会保障制度の再構築を

■これからの時代の「子育て」「教育」「雇用」

こうして家族構造も社会構造も変わった現代の日本社会においては、高度成長時代に構築された社会保障制度は十分に機能しません。

これまでの社会保障制度になかった多くの側面、すなわち「子育て」「教育」「雇用」などの面で安定と安心を提供する社会機能が必要になってきています。2013年8月にまとめられた「社会保障制度改革国民会議（清家篤会長）報告」では、社会構造の変化に見合った新しい社会保障システムの必要性を訴えています。

以下、現在の問題を解決して、これから先も安定と安心を提供するために、どのような新しい総合的社会保障システムが必要なのか考えてみましょう。

〈育児〉

■社会的なサービスで子育てを支える

もっぱら育児に時間を費やす専業主婦は、現在では既婚女性の3分の1にすぎません。多くの主婦は何らかの仕事をしないと生活を維持できないのです。仕事をしている時間に育児を担う保育や、放課後の見守りなど、社会的なサービスで子育て中の世帯を支える必要が出てきています。

現在、保育園の拡充が政策的に行われていますが、施設を増やしても待機児童が減らず、なお少なくとも数万人、潜在的には数十万人の待機児童がいる可能性があります。なぜでしょうか。

最初から保育園に入れないものとあきらめ、子供を預けて働くのを断念してしまっていた人が多いのです。ところが、「保育園ができたなら預けて働こう」と考えるようになり、すると待機児童として顕在化し、いつまで経っても待機児童が減らない状況になっているのです。保育園の数を思い切って増やす必要があります。

〈教育〉

■貧困を連鎖させないためには教育が必要

世帯の所得格差が広がり、低所得の共稼ぎ世帯あるいは片親世帯では子供に十分な教育を受けさせられなくなっています。近年、6分の1の子供が貧困状態にあるとされますが、教育がその大きな原因でもあり、帰結でもあります。貧困を連鎖させないためには教育が必要なのですが、その教育を受けられないのです。

厚生労働省の調査によれば、1980年代半ばから2012年にかけて、子供の相対的貧困率は10％から16％に増え、また子供がいる現役世代の相対的貧困率は同じ期間に10％から15％に増えています。子供をめぐる貧困状況は急速に悪化していることがわかります。

この状況を改善するためには、奨学金の拡充や、貧困のために希望する教育を受けさせられない家庭への適切な支援が必要です。ただし、教育の無償化は、意欲と能力があるのに、経済的な理由で学ぶことができない、真に支援を必要としている子供や青少年に限るべきでしょう。

自分に子供がいる、いないではなく、社会の財産として子供を位置づけるという考えを私たちは共有していくべきです。

小泉進次郎議員らが推進する「こども保険」の考え方は、それが給付でなく保険である点にとくに意義があると言えます。なぜなら、個々人が求める子育て支援や教育などのサービスを、皆で保険料を支払ってやがて必要な時に入手するという考え方を打ち出しているからです。

〈労働〉

■労働内容の公正な評価・規定の構築を

今日の日本の産業社会では、派遣社員など非正規社員が4割にのぼり、そのうえ、多くの仕事が下請けや請負などの外注となっています。さらに、雇用機会は3割ほども海外に流出しています。

この複雑化・多層化した雇用構造のもとで、勤労者の就労条件には多くの格差が生まれています。

たとえば、厚生労働省「賃金構造基本調査」にもとづく推計では、非正規社員、正規社員の給与格差はピークの40代で約2倍と言われています。この数字は「雇用の立場（安定か、不安定か）」「賃金・報酬（非正規社員は半額から3分の1）」「労働時間」「年金・社会保険など勤務条件」「退職金や福利厚生」などを総合的に試算した結果です。

安定と安心のためには、雇用の正社員化が望ましいのですが、多様な雇用形態が不可避であるとしても、それらに共通する同一労働同一賃金、労働時間規制、退職手当、年金・社会保険など、基本的労働条件についての共通化・同一化が必要です。

政府は「同一労働同一賃金」と言っていますが、掛け声だけで実現していません。なぜなら、それを実現するためには、労働の内容と質についての厳密な評価が必要だからです。日本は、歴史的に雇用条件を正社員、派遣、臨時など「雇用の立場」で区別し、労働内容の評価はしてきませんでした。ですから、労働を評価するというノウハウが乏しいのです。欧米では雇用する際、立場ではなく、労働の中身の確認から始まります。日本でも、厳密で公正な評価による労働条件の規定を、労使と専門家で構築する必要があります。政府は「成果報酬」とも言っていますが、日本にはまったく基礎研究がないので労働組合も納得しないのです。成果報酬についても基礎研究とそれをもとにした理解が必要です。これは「働き方改革」を進めるためには不可避のインフラなのです。

現在、安倍政権では「働き方改革」を最優先政策として推進しています。これは評価できますし、ぜひ、初志を十分に貫徹していただきたいと思います。その実現のためには経営者はじめ国民各層の理解と協力、そして実践が必要です。

■「解雇の金銭補償」「脱時間給制度」はぜひ実現を

労働条件の共通化・同一化と同時に、企業にとって雇用と雇用コストの弾力化を実現する必要もあります。

前述のシュレーダー改革は、労働条件が硬直化したドイツで、その弾力化に成功しました。その成功が、1990年代から2000年代にかけて「欧州の病人」と揶揄されていたドイツが「欧州最強の経済大国」として蘇生した大きな理由です。日本はこれを貴重な前例として学ぶべきでしょう。

この観点から、アベノミクスで追求している「解雇の金銭補償」「成果報酬制度（最近は脱時間給制度と呼称）」は、ぜひ実現すべきです。労働組合や厚生労働省は、経済環境の大きな変化を見据えて、企業の競争力と勤労者福祉の新しいバランスを案出すべきです。

脱時間給問題については2017年春には「連合」が安倍首相と話し合い、一時は連合側も乗ってきていたのですが、内部からの突き上げで壊れてしまったのはまことに残念です。労働組合も、グローバルな競争環境の変化と技術革新を広い視野から理解し、労使で必要な働き方改革を進める見識を持つ必要があるでしょう。

■サービス業は労働時間では評価できない

現在、日本の産業構造に占める製造業の割合は1割程度に減り、広い意味でのサービス業が大半を占めるようになりました。

製造業は時間管理でよいのですが、サービス業、たとえばソフトウエア設計やコンサルティングなどは、簡単に労働時間では評価できない仕事です。こうした仕事は、一定の割合で進むとは限りませんし、ゴルフと同じく、何回打ったかではなくあがってナンボという成果で評価されるのです。

かつては生産性トップだった日本が、今、主要国で最低の地位に甘んじています。これは、日本の産業構造はサービス業・ホワイトカラー労働が主体となっているのに、賃金体系が変わっておらず、現状に合わなくなっているからです。アウトプットで評価されるべき業務が、時間で評価されてしまっているのです。

安倍政権では、働き方改革として最近はもっぱら労働時間の短縮に注力しているようですが、成果報酬制度、解雇の金銭補償制度、同一労働同一賃金などは本来、働き方改革の核心なので、一日も早く実現し普及させるべきでしょう。

〈生涯現役社会〉

■日本の最大の問題は「物理寿命と健康寿命の開き」

高齢化が進展する一方で、日本企業の多くはかなり厳格に定年制雇用を維持しており、正規の雇用期間が終了すると、勤労者は勤労能力があっても活用されていません。これは膨大な人的能力の損失となっています。

高齢化社会である日本の最大の問題は、物理寿命と健康寿命の開きの大きさです。そこには、なんと10年前後の開きがあるのです。健康寿命とは日常生活に制限のない期間を指します。

厚労省の調査によれば、男性の場合、平均寿命は79・55歳、そして健康寿命は70・42歳。その差は9・13年です。女性は、平均寿命は86・30歳、健康寿命は73・62歳、その差は12・68年もあります。

健康寿命を延ばすことは、本人にとっても、社会的費用の抑制の面でも重要課題です。人々が健康を維持し、物理寿命近くまで、生きがいのある活動ができる社会が「生涯現役社会」です。

生涯現役社会の実現には、医学的な健康管理とならんで、活動能力を維持しつづけることが重要です。人生80年時代はすでに実現しており、これからは90年時代に入っていくかもしれません。

■学校を生涯にわたる教育機関に

一方、社会の技術革新は急速に進展しています。ＩＣＴ革命１つをとっても、この数年間で社会は産業、個人の生活まですべて変わっています。

そうした技術革新に対応して、人生80〜90年時代になれば、生涯の間に2〜3度、モデルチェンジ（キャリアアップ、キャリアチェンジ）をする必要があります。たとえば、今から20年後にはガソリン車がすべて禁止になるでしょう。こうした技術革新についていくことも必要になります。

そのためにも教育改革が必要です。これまでの学校は若い人を対象にしていましたが、これからは中高年の学び直しを含め、生涯にわたる教育機関に改革していく必要があります。日本の大学は、若い人以外の年齢層の受け入れにおいて、ＯＥＣＤ諸国の中でももっとも遅れています。それだけに革新の余地と効果は大きいはずなので、ぜひとも自己改革しなければなりません。

私のことで恐縮ですが、私が理事長をしている首都大学東京では、小池百合子東京都知事の要請もあり、人生100年時代にふさわしい教育機関としての役割を果たすため「100歳大学」を2018年度後期から実験的に開講することになりました。

ここでは定年前後で人生の折り返し点を過ぎる方々に、次の人生への充電とモデルチェンジの機会と場を提供します。さらに情報化時代の通信技術を活用して、場所と時間に制約されず、どこでもいつでも学べる内容を、ICTを活用して多くの希望者に提供していくことも考えています。

総合的社会政策の費用をどうまかなうか

■増税は避けられない

これまで見てきたように、もはや日本において増税は不可避です。現政権は勇気を持って、これからの世代のために消費税の長期かつ小刻みの増税に踏み切るべきでしょう。Ⅷ章で述べたように相続税の活用も考えるべきです。

また、小泉進次郎議員らが提案した「こども保険」は有意義な問題提起だと思います。日本の社会保障負担は、収入から毎月15％程度天引きされています。しかし、ここに含まれる社会保険料、年金、医療、介護、雇用保険はみんな高齢者が対象です。しかも2015年の補正予算では、高齢者に1人3万円の臨時給付金を出し、総額4000億円も計上しているのです。

そこで小泉議員は財務省に、「新たに0・1％の税を徴収して3400億円を確保すれば、児童手当を1人5000円増やせる」と提案したのです。しかし財務省からは「財源がない」という答えでした。これを受けて小泉議員らは、「高齢者には4000億円も使って、子供には使えないとは何だ」と運動を起こしたのです。その財源で幼児教育・保育を無料にできるのではないか、と主張しました。

小泉議員らの主張は、「社会保障は全世代型にすべし」ということなのです。0・5％の徴収なら財源は1・7兆円確保でき、小学校入学前の児童600万人に月2・5万円を給付できます。つまり、幼児教育・保育を実質無料化できるのです。1％の徴収ならば

3兆円です。

この案は、自民党内でもはじめは相手にされなかったのですが、安倍政権は人材投資戦略の一環として検討を開始しているようです。小泉議員の見ている方向はとてもよいと思います。

■日本の家族関係支出は欧州の3分の1程度

ここまでに考えてきた施策を総合的に組み込んだ、新しい時代の社会政策を、さしあたり「総合的社会政策」と呼びましょう。これらの施策の推進と展開には多額の社会的費用がかかりますが、この点で日本は欧州先進国にくらべ、大きく遅れています。

欧州諸国では、福祉国家の伝統のもとで、GDP対比における社会保障支出が大きく、とりわけ、子育て支援、教育、介護など「家族支援」を充実させてきました。

たとえば日欧の家族関係支出のGDP比率を比較してみると、日本の1・26％（6・6兆円）に対してドイツ2・23％、フランス2・91％、イギリス3・80％、スエーデン3・64％と、2～3倍近くの開きがあるのです（OECD:Social Expenditure Database 2016）。

図17　日本とフランス、家族関係支出の比較

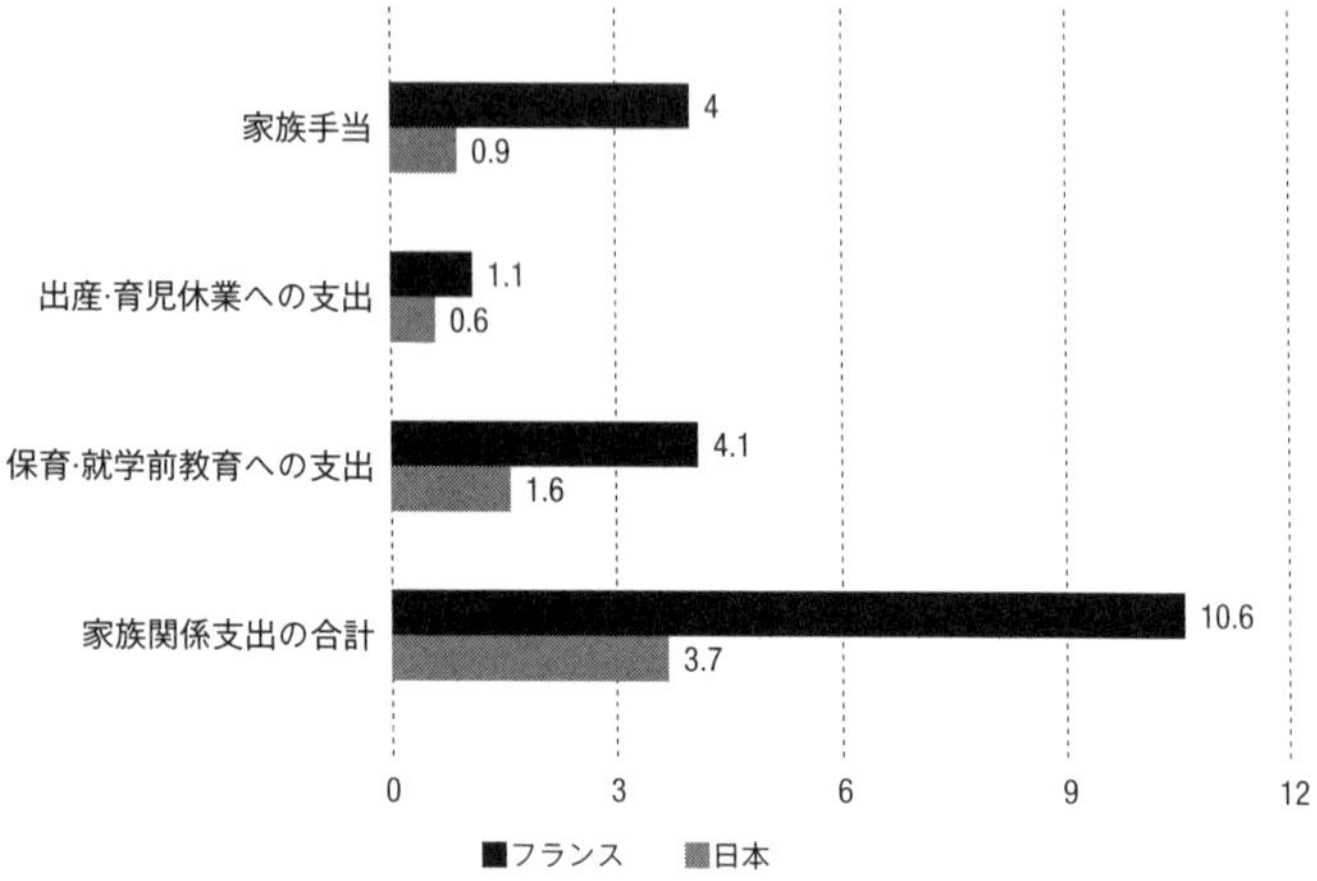

フランスの2003年の家族関係支出を、日本の人口規模で換算して比較したもの。日本のデータは2017年時点のもの。（単位：兆円）

なお、家族手当、出産・育児休業給付などの家族関係支出は、各国とも現金給付が大半です。また、ホームヘルプ、施設、その他は現物給付されます。

参考のために、フランスの２００３年の家族関係支出を、日本の人口規模で換算し、２０１７年時点での日本の数字と比較したものが図17です。

家族関係支出の合計は、日本３・７兆円、フランスの日本基準換算では10・６兆円と、およそ3倍にもなるのです。

日本が家族関係支出を充実させる総合的社会政策を志向するなら、欧州の実態と経験は大いに参考になると思います。

■費用は国民が公平に負担しよう

前述のように消費税は5％から10％に引き上げる予定で、そのうち3分の1は社会保障の充実に充てるはずでした。

ところが実際には2014年4月の3％の引き上げしかしていませんので、その3分の1にあたる1兆円強の財源が振り向けられただけです。中途半端としか言いようがありません。

繰り返します。国民に安定と安心を提供できる総合的社会保障システムを整備するには、相応の巨額予算が必要です。その予算を誰がどのように負担するか。

これまでのような、現役層の社会保険料と将来世代への公債負担は、不公平で適切でないのは誰が見ても明らかです。社会の全階層で負担すべきであり、もっとも適切な手段は国民全員が負担することになる、公平な消費税でしょう。

国民全員の負担で構築する総合的社会保障システムですから、国民のどの階層にも利益を提供するように設計しなくてはなりません。すると費用は数％の消費税ではまかなえないことは明らかで、欧州の先行例を参考にすれば、すくなくとも20％程度の負担は不可避ではないかと私は見ています。

■財政赤字の解消には20％の消費税で26年かかる

消費税1％で約2・5兆円の税収になりますから、現在の財政赤字約1300兆円を消費税で吸収するには、20％程度の消費税を26年間徴収する必要があります。

しかし、現在の赤字を解消できる金額を徴収するだけでは足りません。それだけの高い負担を国民に受容させるには、その高負担に見合うだけの総合的な安心システムを提供する必要があるでしょう。そうしたシステムを構築、運用する費用は少なくとも現在の累積財政赤字以上のものになります。

すなわち財政赤字を吸収しつつ、大きくタックスベースを広げた相続税の税収を組み合わせるとしても、20％の消費税に相当する高い国民負担を、少なくとも半世紀はつづけなくてはなりません。

国民にこの莫大な負担をしてもらう以上、システムの設計と運用はもっとも効率的に、透明性を高く、そして厳格なルールのもとに行われるべきです。福祉事業の項でも述べたように、無駄と甘えをなくした、もっとも効率的かつ厳格な運用が不可欠なのです。

以上、新しい時代に、国民全階層に安定と安心を提供する新たな社会的再分配システムを展望しました。とりわけ、国民に巨額の費用を長期にわたって負担していただかなくてはならないこうしたテーマは、国民全体で議論し、理解、支持、参加することが必要です。

そのためには政府が、その材料となる情報を開示し、説明することです。国論啓発の指導性を示さなくてはなりません。

Part XI

日本再興に向けてのシナリオ

これまで、新しい時代にふさわしい抜本的な再分配構造改革を「総合的社会保障システム」という形で吟味し、提案してきました。ここからは、日本経済のパイを増やし、イノベーションの活力を増進するための若干の提案をしたいと思います。

求められる活力の創出

■人的資源や自然資源の徹底活用を

アベノミクスの成長戦略、構造改革は重要な挑戦です。望むべくは初志貫徹していただきたいと思います。

さらに指摘したいのは、アベノミクスの視野の外にある、人的資源や自然資源を徹底的に活用する方法です。安倍首相は、第二次アベノミクスの成長戦略として、経済の生産性を大きく高めることが期待されるＩｏＴ、ＡＩ、ビッグデータなど、第四次産業革命の新技術の活用を強調しています。

それは大いに結構なことでぜひ、実現していただきたいと思いますが、そのほかにも十分に活用されていない基礎的な人的資源ならびに自然資源があります。以下では、それらの可能性の活用について述べておきたいと思います。

近年の日本経済は、さまざまな側面で活力の低下が著しいと思います。その活力の低下についていくつか指摘してみましょう。とくに経済活動を基本的に担う企業の行動と、人材・人的能力の未活用です。

■目立つ企業の「守りの姿勢」

近年の日本では、企業行動に積極姿勢が欠如して、守りの姿勢になっていることが目立ちます。積極姿勢の欠如は、投資の低迷でもあります。潜在的な投資可能性は多々あるのに、積極的に発掘していません。

投資をしない反面、社内留保の蓄積が異常に多いという「守りの姿勢」が目立ちます。社内留保の総額は、今やＧＤＰの８割に匹敵する４００兆円にも達しているという推計があります。そんなに溜め込んで何をしようというのでしょうか。

これはバブル崩壊後、バランスシート不況を乗り切るために企業活動を縮小し、借金返済に注力せざるを得なかった時代の後遺症かとも思いますが、どうも後遺症がひどすぎる気がします。

デフレ時代の後遺症だけでは説明できない、保守的で消極的な姿勢の一因には、経営者層の高齢化、そして「成長」は昔話といったあきらめがあるのではないでしょうか。

戦後の逞しい企業家である松下幸之助や本田宗一郎のような起業家精神、アントレプレナーシップ（Entrepreneurship）が最近の経営者層にはほとんど見られません。とくに大企業は大組織を運営することで官僚主義に陥り、企業家の精神を忘れてしまっているのではないでしょうか。

管理する人ばかりだから、若い力を生かさないし、また生かせません。組織が大きくて管理が厳格であればあるほど、若い人たちもなかなか自由に活躍できないでしょう。

もう1つ、異質性を許容できない企業体質も問題だと思います。

たとえば、日本は対内直接投資においては事実上の鎖国状態です。対内直接投資とは、海外企業が、株や金融取引による利益目的などではなく、事業目的で行う投資のことです。日本は欧米先進国、あるいは中国のような新興国とくらべても、対内直接投資が1桁（GDP比）少ないのです。

ちなみに、1990年代半ばから2010年代はじめまで、イギリスの対内直接投資のGDP比は20％から55％に増え、ドイツは8％から15％へ、アメリカは20％前後、中国は15％から10％、韓国は2％から10％という水準ですが、日本はなんと0・2％からやっと2％というレベルなのです。これは何を意味するのでしょうか。

外国からの直接投資は、資本だけでなく技術や経営スタイル、経営戦略や優秀な人材などが国内に入ってきて新しい刺激をもたらす効果があります。

こうした対日直接投資に対して事実上門戸を閉ざしているということは、日本企業にとっても日本の社会にとっても貴重な異質の刺激を受ける機会を逸しているということです。

異質な刺激を受けてこそ、企業も経済も成長するのです。

■国際収支の統計からわかる日本の閉鎖性

日本の産業界が外部からの異質な刺激を受け入れない体質を持っていることは、国際収支の統計からもうかがうことができます。

国際収支は大別して「モノやサービスの取引結果としての貿易収支」と「投資活動の収支である所得収支」から構成されますが、日本は欧米諸国にくらべ、所得収支の黒字基調が顕著です。

たとえば、1990年から2012年までで日本は所得収支が1％前後から3・8％へと増えました。これにくらべ、同じ期間でアメリカは1％前後、英国は0・5％から2％へ、またドイツは1％から2％くらいの変化です。欧米諸国にくらべ日本は所得収支の増加が顕著です。

これは対内直接投資と表裏一体の関係があります。欧米諸国は海外に投資する額と海外から投資される額が、ほぼ同じくらいなので所得収支は差し引き少額になりますが、日本は対外投資によって収益を獲得しているのに、対日投資が伸びないので、対日投資企業への支払いが少なく、黒字が増大するということなのです。

すなわち、日本は企業や経済の成長にとって不可欠な、異質の刺激を受け入れない体質があることが示唆されています。

人間も社会や経済も、異質なものに触れないと刺激を受けません。異質を受容しない組織に進歩はないのです。私は日本のイノベーションが止まってしまうのでは、と危惧しています。

幕末から維新の頃、そして第二次世界大戦後も、日本は異質を受け入れて伸びてきました。それに対して近年の閉鎖的傾向がとても心配です。異質を拒否していては、成長はありません。

■活用されていない、もったいない人材

日本の人材活用は、依然として日本人の壮年男性が中心です。高齢者や子育て期の女性、そして子育てを終えた中年女性は活躍の場が少ないのが現状です。これは人口減少の時代においては、とてももったいないことです。外国人の活用もまだまだ不十分ですが、大きな潜在能力だと思います。

そして高齢化社会では、定年後の人材がもっと活用されるべきです。能力のある人は定年を超えても活躍できますし、フルタイムでなくとも柔軟な働き方を考えればいい。しかし、日本では頑迷な雇用制度と定年制にもとづいて、価値ある潜在人的能力が埋没して摩滅してしまっています。その結果、従属人口、つまりは社会の負担になってしまうのです。また、前述した「物理寿命と健康寿命の開き」も問題で、高齢化にまつわる社会的費用を増大させています。

平均年齢ではなく健康寿命を延ばし、高齢社会が「生涯活躍社会」になれば、社会的費用も抑えられます。

■アメリカは日本を助け、日本は中国を助けてきた

若い力を生かすために、私は留学の国家支援をかなり強化することを提案したいと思います。

留学は、世界観を養う異質とのぶつかり合いで、刺激を受ける絶好の機会です。小、中、高校くらいまでは国内の教育を受けてもよいのですが、大学から、とくに大学院でマスター、ドクターともなれば国際交流が必須なのです。科学の発展の基本は国際交流であり、

高度な研究、技術開発になればなるほど、異質とのぶつかり合いは大事です。戦争が始まって国際交流がなくなると、革新が止まることは歴史が証明しています。

第二次世界大戦後、「フルブライト奨学金」などによって日本の学生が数十万人もアメリカで学びました。実は私もその1人です。当時アメリカの有名な大学に行くと日本人留学生がたくさんいて活躍していました。

私は、ある時全米で20名だけという、2万ドルの奨学金をもらえることになりました。当時、大学助教授の給与が8000ドルでしたから、たいへんな額です。ワシントンにその20人の学生が呼ばれ、当時のジョージ・シュルツ財務長官から授与が行われたのですが、外国人は私1人。しかも、アジア人です。アメリカは懐の深い国だとその時つくづく思いました。

一方、戦後、毎年数万人の中国人留学生が日本で学んでいます。戦後40年以上、日本政府は中国から留学生を招くという事業をつづけてきました。その支援で日本の大学で学んだ中国人は、100万人はいるのではないでしょうか。中国に行くと、日本語の通訳はみんな中国人で、私はまだ日本人の通訳には会ったことがありません。

アメリカは日本を助け、日本は中国を助けてきたのです。他国の教育を支援するのはよいことです。しかし、日本はなぜ自国の若者の留学を国策として支援しないのでしょうか。最近、「アメリカなど外国の大学で日本人の留学生をあまり見かけなくなった」「日本人の学生は活力ややる気を失っている」という意見を多く聞きますが、私は違和感を覚えざるを得ません。若い人が費用のかかる留学をするには支援が必要です。

外国人留学生を支援することも大切ですが、なぜ日本人の若者を国家戦略として支援しないのでしょうか。たとえばシンガポールは、国立大学の学生をこの15年間で2200人、シリコンバレーなどのベンチャー企業に送り、起業家育成を国を挙げて推進した結果、大きな成果が得られたと報道されています（「日本経済新聞」2017年10月1日）。

■人材の育成に国家的な支援体制を

対照的に、最近、IMFに日本の財務省出身のスタッフがいなくなったと聞きました。ドクター（博士号）を持っていないので、入れなくなったというのです。重要な国際機関に日本の人材のプレゼンスが少なくなることは国益にマイナスです。若い人のやる気を批判する前に、国として強力な支援体制を作るべきではないか、と思います。

たとえば、スポーツ面では国の支援が実を結んでいます。スポーツ選手の強化をはかるために2008年「味の素ナショナルトレーニングセンター」を設立。国としての支援体制を確立した成果は、柔道や卓球、レスリングなどの競技でみなさんもごらんのとおりです。しっかりした支援体制があれば、成果はあがります。

留学支援というのは、膨大な費用がかかるというわけではありません。1人200万～300万円として1万人を送り出すのに、年間200億～300億円の支援で大きな効果が期待できます。ぜひとも、国際人材の国家戦略的養成をすぐにでも開始せよと、私は声を大にして言いたいのです。

同様のことはベンチャー起業家や事業家についても言えます。戦後の日本には本田宗一郎、松下幸之助などすばらしい気迫ある起業家がいました。ただ、それにくらべて「今の若い者は覇気がない」という最近の論調には、疑念を持たざるを得ません。

現在の日本でもベンチャーを志す若者はたくさんいます。しかし日本はそうした若い力を総合システムとして支援していないのです。海外に行って驚かされるのは、若い力を国家の総合戦略としていかに育てているかです。

たとえばフランスでは、２０１７年７月に「Station F」という施設を立ち上げました。古い駅舎を使った巨大な建物に、約３０００社のベンチャー企業がオフィスをかまえています。マクロン大統領もオープンイベントにやってきました。

ベンチャー支援のシステムは、まずエコシステム（Eco System）といって、財務管理、金融、マーケティング、組織管理など若い起業家たちが持っていない知識やノウハウの習得を、経験と人材豊富な大企業などがチームを作って支援するところから始まります。

次はアクセラレーター（Accelerator）です。軌道に乗るまでたとえば5年かかっていてはとても間に合わないので、経験のあるベンチャー起業家などが支援して3年、2年とスピードアップさせるしくみです。これらを組み合わせてインキュベーター（Incubator）が形成されます。

カリフォルニアのシリコンバレーは昔からこうしたベンチャー育成のメッカでしたが、今や新興勢力がテルアビブやベルリン、シンガポールなどにどんどん出てきています。

私は最近、若手事業家たちとひさしぶりにベルリンに行きましたが、ベルリンは今、「スタートアップシティ」として活気に満ちています。ＥＵの多くの国々、そして世界各地からベンチャー志願の若者が集まって、切磋琢磨しています。ベルリンパートナーという公的機関がインキュベーターを整備して、彼らの挑戦を助けています。週末のクラブでは、そうした若者が1万5000人も踊るといいます。

実は世界大戦直後のニューヨークがそのような活気に満ちた街だったようです。荒廃した欧州から〝機会〟を求めて多くの芸術家や研究者そしてベンチャーが集まり、戦後ニューヨークの急激な発展に貢献したのは有名ですが、ベルリンは70年遅れの戦後を謳歌している感じでした。

■今もっとも起業が多い国はイスラエル

イスラエルのテルアビブも注目すべきです。テルアビブの北側にハイファという街がありますが、その大通りにはグーグルやマイクロソフトといった世界企業のビルが軒を連ねており、イスラエルの若いベンチャーと共同開発をしたり、開発の成果を買い取ったりしています。

イスラエルの軍隊は高度な情報技術で知られていますが、心身ともに屈強な若者が軍隊での経験を生かして先端技術のベンチャービジネスを始め、一定の成果が出るとグローバル企業にそれを売るのです。

そうして得た資金をもとに、さらに進んだ開発に取り組むというのが、意欲ある若者の目指すキャリアになっており、それを軍隊、大学、企業や行政機関が組織的に支援しています。

今、イスラエルは人口比率でもっともスタートアップの多い国になっているのです。

今の日本では、若者の気力や熱意が乏しいという批判が横行していますが、批判する前に、激しい国際競争や急速な技術革新に挑んでいく日本の若者に対して、国家として、社会として、日本はどれだけ戦略的に支援しているか、ということを私は問いたいです。

若者の素質は世界各国でそれほど違うはずがありません。違うのは、その国がどれだけ若者の潜在価値を大切にし、彼らの才能を伸ばす支援をしているかです。日本は現在、国際的にはるかに遅れているように見えます。若者を批判する前に、まず彼らを国家としてできる限り助け、支援するべきではないでしょうか。

■外国人が長期で働くにはあまりに不安な国・日本

いま1つ残された重要な人材活用の可能性は、外国人材です。日本は外国人材の受け入れを明治維新後の躍進期には積極的に進めましたが、その後、20世紀初頭以来、なぜかほとんど拒絶してきた歴史があります。

その閉鎖的な伝統は今日まで受け継がれてきていますが、科学技術発展のグローバル化が急速に進み、また労働力につづいて人口の減少が顕著になり始めた近年では、人材開国の必要性がにわかに認識され始めたと言えるでしょう。

日本は伝統的に外国人受け入れに消極的だったために、法的にも受け入れの方途が整備されていません。日本が外国人材を受け入れる方途は入国管理法か難民認定法であり、移民法がありません。

諸外国では常識になっている移民法が日本ではなぜ制定されなかったか、その背景は明白ではありません。日本に移住したい、あるいは帰化したいと思う外国人にとっては適切な法規定がなく、日本は長期に働くにはあまりに不透明で不安な国と言えます。

安倍政権は建設や福祉関連での労働力不足を緩和するために、数年前から既存の研修実習制度の拡大適用を進めています。その研修実習制度は１９９０年代半ばに私が労働省（当時）、法務省などの企画部門スタッフと一緒に草案を書いたものです。

日本は景気がよくなり労働力不足になると、建設業や接客業などの零細業者において安い外国人労働者への需要が高まり、不況になると逆転するという経験を繰り返してきました。

それは外国人労働者にとって望ましいことではないので、「安価な労働力として外国人を雇いたい業者は、2年間の研修を業者の費用で実施すれば、その後は1年間実習を許可する」という形で、研修と実習のバランスをとったのが、この制度の趣旨でした。

これはドイツなど、外国人労働者を大量に導入して社会問題となった先例を反面教師としたしくみでした。安倍政権の施策はおもに建設と福祉についてこの制度を拡大適用したもので、外国人材の本格活用の政策とは言えません。

日本がこれから外国人材の本格的活用を志向するのであれば、第一に移民法を制定して、日本に来て働くための条件を明らかにする必要があります。また、いわゆる外国の高度人材を招きたいのであれば、住環境はもとより、医療や子供の教育などの社会インフラを整える必要があります。

そして、日本語という言葉の壁を、多言語使用をビジネスや公的手続きでも可能にする形で克服することが望ましいでしょう。それは日本人が欧州諸国の人々のように多言語使用能力を身につけるのではなく、企業や官庁が多国籍の人材を登用すれば容易に可能になります。

人口が減少する先進成熟国としての日本が、外国人材を活用することはすこぶる自然な流れですが、そのためには多様な準備と努力が必要です。なぜならば、日本が求める「高度人材」は世界中の国々が求めている人材なので、望ましい人材はよほどの好条件がなければ確保できないからです。

Part XII

自然資源が持つ大きな可能性

日本は資源小国と言われますが、実はそんなことはありません。石油や天然ガスや鉱物資源などの埋蔵量は少ないかもしれませんが、発想を変えてみれば、国土の7割を占める豊かな森林、太陽光にもとづく自然エネルギーや農業などに大きな可能性があります。そうした資源をしっかり活用してこなかったことが最大の問題なのです。

小宮山宏 三菱総研理事長（元東大総長）は日本を「課題先進国」と喝破したことで有名ですが、「人材や自然資源の可能性を十分に生かせば、成長率低下や人口の量的縮小、自然破壊などの制約は克服できる」という構想を提唱されています。

これまで人材活用の可能性について述べてきましたが、ここでは自然資源活用の大きな可能性について3つ例示し、日本の潜在可能性の大きさを再認識してみたいと思います。

森林資源

■国土の7割を占める森林を荒らしている日本

日本の国土の7割は森林です。世界の森林面積は陸地の3割ほどですから、日本は森林資源に大変恵まれています。しかし、現在の日本はそれをほとんど活用していません。

太平洋戦争中から戦後にかけて、戦争と復興のために木材資源が必要とされ、日本の森林は乱伐されましたが、その後、国を挙げて植林が推進されました。

しかし高度経済成長の時代になると円高になり、外国から輸入される安い木材が国内産の木材より割安になったため、国内の木材は競争できなくなり、林業が急速に衰退しました。

樹木の生長は種類によっても違いますが、杉のように比較的生長が早く木材としての使用に適している樹木は、30年も経つと成木になります。森林は、樹木の生長に合わせて枝落としや間伐などの手入れと管理が必要です。

日本の森林は1970年代の高度成長以来、国産材への需要が減り、木材産出が滞ったため、伐採と植樹のサイクルが遅れてしまい、間伐などの整備も不足し、かなり荒れてしまいました。

荒れた森林は、日光が遮られて樹木の生長が妨げられ、下草も生育しないので地盤の保水力が低下し、水害や火災も起きやすく危険が高まります。木材需要が低下するので、森林管理人材の雇用機会も減り、人材も不足するという悪循環に陥っています。

日本と対照的なのは、スエーデンやドイツなど欧州の林業国です。森林の適切な管理で高い品質と生産性を実現し、自然資源の可能性を最大限に生かしています。

国産材を建築や家具などに積極的に利用しているので、適切な内需と外需があり、その需要に応えるため、森の奥まで木材搬出のための林道を整備し、生産性を高めています。

また製材機械の技術開発でも高い生産性を挙げているため、林業労働者はかなり高い所得を得られるので、人材も供給できるという好循環が実現しているのです。

日本でも、林業の問題は認識されており、現政府は〝森林税〟を新設して森林管理の財源を捻出するという案を検討中とされますが、これは本末転倒のように思います。まず国産木材を積極的に利用するために、企業も行政もさまざまな工夫と努力をすべきでしょう。

今の森林資源の8～10％を伐採するだけで、日本の木材需要はすべて満たせるのです。逆に、今のまま放置すると森林の劣化と管理人材の減少という、深刻な悪循環が進んでしまいます。

■植物資源を使ったバイオマス発電で生産性が高まる

さらに、日本の森林の活用にはさまざまな可能性があるはずですが、一例を提示しましょう。それはバイオマス、つまり植物資源を使った発電です。

森林の間伐で排出される間伐材などを使ってバイオマス発電を行い、日本政府が野田佳彦政権時代の2012年に導入した電力の「固定価格買取制度」を活用すれば、自然エネルギーによって電力供給に貢献できます。

それだけではありません。バイオマス発電所を森林の中に設置するために林道の整備が進み、木材搬出の効率が高まり、さらに高性能の製材装置の導入などと合わせて、林業全体の生産性が高まる可能性があります。

すると、当然林業労働者の所得も高まり、人材の供給が増えて、森林の管理が進めやすくなるなど欧州型の好循環を生むことができます。

林業は、生産性の向上、林業労働者の所得向上、国産材への需要増大などを実現することによって、日本の新たな発展に大きく貢献することができるでしょう。

農業資源

■小規模農家が多い日本の農業

日本の農業は生産性が低いので国際競争力がなく、さまざまな保護政策や補助が必要というのが通念になっていますが、存在する資源を適切に活用すれば、高い国際競争力も農業者の高い所得も実現できるのです。どうすればそうなるか、説明しましょう。

日本の農業の生産性の低さは、現在の土地制度と密接に関連しています。戦前の農地は大半が大地主の所有で、農業者のほとんどは小作人でした。敗戦後、連合軍総司令官のマッカーサー将軍が率いる総司令部の指導で戦後体制が作られましたが、その時、実行された大改革の1つが農地改革です。

ちなみにこの農地改革は、戦前の半封建的な地主制度に批判的だった、日本政府の開明派の若手官僚が提案し、総司令部が了承したのが実際のようです。これは世界史でももっとも徹底した農地改革とされますが、大地主の所有していた大半の農地をそれまでの小作人に分け与えたので、多数の零細な自作農が生まれました。

自分の土地を手にした自作農は強い勤労意欲を持って大いに農作業に励んだので、敗戦後の食料難も数年のうちに克服するという大きな成果があがりました。しかし農地があまりにも細分化されていたので、規模のメリットを生かすことができず、日本の農業とりわけその大半を占める米作は低生産性でした。

一方、戦後の経済発展で工業など非農業部門の生産性は大きく高まり、農工間の所得格差が拡大しました。そこで政府は、大きな政治基盤である農業者の不満を緩和するため、所得格差が開かないように米価の政治決定をしたので、日本の米は生産性に見合わない高価格となり国際競争力を失ったのです。

■農地の大規模化「平成の農地改革」のすすめ

そのうえ、近年では農業者の高齢化が進み、米作の大半は労働力の面からも衰退が顕著です。

私が地域の再生にかかわった1つの例ですが、北海道に伊達《だて》市という自治体があります。人口は3万5000人ほどで、市街地を囲む広い丘陵に農地が広がっています。

かつては米、野菜、果物などの産地でしたが、高齢化が進み、多くの主農業者は農作業が難しくなり、あるいは寡婦世帯になっています。高齢の主婦たちは、本数の少ない公共バスで農地から遠くの街まで買い物などに通う、不便でつらい生活を強いられています。とくに寒い冬にはこうした生活は危険ですらあります。これは日本の多くの地方に共通する状況です。

このような状況を打破するため、土地制度を根本的に変え、彼らの生活も改善し、日本に明るい未来を築く私なりの提案をしてみたいと思います。

それは彼らの農地を集約して、大規模で生産性の高い農家や企業に売却するか、所有しつつ適切な賃料で貸せるよう、土地制度の一層の改革をすることです。

安倍政権ではアベノミクスの２０１４年度に打ち出した成長戦略の中で、農地制度の改革に挑戦し、企業などが農地所有できるよう制度改革を試みましたが、まだ道半ばです。それを一層進めて、農地の集約と上記のような買取や賃貸がしやすい条件を整備するのです。

これは農地を小規模に分割したマッカーサー農地改革とは対照的に、農地の大規模化を進め、大規模農家や企業の農地所有あるいは農地利用を促進する農地改革として「平成の農地改革」と名付けたいと思います。

平成の農地改革によって、生産性の高い大規模農家や、高度な技術と経営能力を持つ企業などが大規模な農地を手にして、規模のメリットを生かした高生産性の農業を実現するのです。

■ユニークなブランドで国際競争力をつける

大規模農地では農業機械を効率的に使えるので土地単位あたりの費用が下がり、またドローンなどの新技術も戦略的に活用できるでしょう。生産性が上がれば、農産物の価格を下げることができ、国際競争力も高まります。

現在、日本の農業には２０００社を超える企業が参入していますが、農地制度の制約があるので土地を所有している企業はわずかであり、思い切った農業戦略は推進し難い状況です。一方、大規模農家の中には見事な農業戦略を展開している例もあります。

秋田県の大潟《おおがた》村に、涌井徹さんという農業者が経営する「大潟村あきたこまち生産者協会」という名の株式会社があります。涌井さんはかつて大潟村の開発に参加して苦労をした方ですが、近年では発芽玄米の画期的な技術革新で成功し、付加価値の高い農業を実現して年商数十億円を稼ぎ出しています。

日本の農家は、販売農家が約１９５万戸（うち米作１６５万戸）、主業農家が42万戸（同30万戸）、準主業農家が44万戸（同39万戸）、副業的農家１０９万戸（同95万戸）などから構成されていますが、販売農家１９５万戸のうち年間１０００万円以上の所得のある農家が30万戸ほどあるとされています。

日本の農業生産のほとんどは、実はこれら高生産性の農家や企業によってまかなえるのです。

平成の農地改革によって生産性を高め、イノベーティブな農業者が思い切って戦略的な農業をできるしくみに作り替える。そうすれば、日本の農業は世界でも高い生産性を誇り、国際競争力の高い産業として日本経済の未来志向の成長を牽引できるでしょう。

米作は長年にわたる規制と保護と補助金で守られてきたため、競争力がひどく落ちていました。しかし日本は野菜、果物、畜産などではユニークなブランドを構築し、すでに国際的にも高い競争力を持ち付加価値の高い農業を実現している農業者も少なくありません。

これらの革新的な農業者が潜在力をフルに発揮するためにも、平成の農地改革の推進を提案したいと思います。

また日本の農業は遺伝子組み替えに慎重な態度をとってきた点で、世界でもユニークな存在です。高い生産性とユニークな技術革新力、そして遺伝子組み替えをしない健康志向で、世界をリードする農業を構築できるはずです。

一方、高齢化し、後継者もなく、小規模農業に従事している農業者に、安心で充実した生活をしていただくための環境条件を整備することも大切です。

■「社会農業」の提案

伊達市の例のように、高齢化あるいは寡婦世帯となった農業者が、土地を売却・賃貸する形で農業以外の所得を得る場合、彼らが安心して快適に暮らせる住環境やサービス環境を、町の中心部に整備することが必要でしょう。言うなれば高齢社会のコンパクトシティです。

彼らがただ暮らすだけでなく、積極的に活動して世の中に貢献したいと思うのは当然です。自分の人生の充実をはかりたいと望む人々には、次のような活動を提案したいと思います。

それは、農業の経験や若干の農地を活用した、今そしてこれからの社会に貢献する活動です。私はそれを産業としての農業でなく、〝社会農業〟と名付けたいと思います。その例として、健康農業、教育農業、観光農業、環境農業をあげましょう。

〈健康農業〉

高齢者は健康維持のためには、できるだけ外に出て活動することが望ましいと言われます。高齢となった農業者は、庭先などのわずかな農地でもよいから、そこで作物を育て自分のため、近隣の人々のために役立てることができれば、自分の健康維持にも社会生活にも有益です。

高齢になり要介護状態になることにくらべれば、本人にとっても社会にとっても負担が大きく削減されるわけですから、これまでの農業年金に若干の付加給付を加えて健康農業に従事することを推奨してもよいでしょう。

〈教育農業〉

今の社会では、所得が不十分であるために、多くの家庭が夫婦共稼ぎであり、子供の教育に十分、手が回らない例が少なくありません。

一方、全国の多くの地方では、高齢化して、産業としての農業、漁業、林業などでは活躍しにくくなっている人々が増えています。彼らはしかし農林漁業の経験が豊富で、しかもほとんどが子育てのベテランです。

こうした方々に、都会の子育てに十分手が回らない家庭から子供たちを引き受けて、豊かな自然環境の中で一定期間、子育てと教育を支援してもらえれば、双方にとってメリットがあるでしょう。
子供を預けた家庭は若干の食費を支払えば、仕事に注力でき、週末に子供と会って抱擁する、メリハリのある家庭生活ができるでしょう。
子供を預かった農山漁村の高齢家庭は、若干の現金収入を得つつ、スマホゲームに時間を費やしがちな子供たちに豊かな自然の恵みと知恵を体験させることで、日本の教育に欠けている大切な要素を補うことができます。

〈観光農業〉

農作業をして農産物を作るだけでなく、その環境やプロセスに、観光客に参加してもらうアグロツーリズムが今、世界的にブームになっています。
これは高齢農家にとって生きがいともなり、また現金収入も得られるので、大いに推奨すべき社会農業です。

〈環境農業〉

こうした活動は、農業ばかりでなく、実は漁業でも林業でも展開できます。

農業は環境維持のためにも実は大きな役割を果たしています。日本に特有の棚田などは農村地帯の水を管理することで自然のバランスを守ります。また、里山は周囲に農地があることで地域の環境バランスに貢献できます。

農業が環境保全に役立っている場合には、通常の農業予算でなく、環境保護行政の観点からも、それを担当している農業者とりわけ高齢農業者に行政的支援をすることが望ましいと思います。

産業農業に従事しにくい高齢農業者は現段階で少なくとも１００万人ほどおられ、毎年高齢化しています。

その中から、希望者にはこうした社会農業活動に従事することで社会貢献をしていただき、行政としてその活動にふさわしい支援をすることで、有意義な生活をまっとうしていただくことが望ましいように思います。

自然エネルギーのすすめ

■日本の経済発展を支えた原発での最悪の事故

最後に自然エネルギーの大きな可能性について述べたいと思います。

世界各国は19世紀以来、およそ200年以上にわたって石炭や石油などの化石燃料、そして20世紀後半からは原子力による核エネルギーを活用して経済発展を達成してきました。

これらのエネルギー源はいずれも埋蔵量に限りがあり、また化石燃料資源の産出できる地域は偏在しているので、世界各国は限りある化石燃料の獲得をめぐってしのぎを削り、過去2世紀に勃発した戦争はほとんど、化石燃料の奪い合いにかかわる戦争だったと言っても過言ではないでしょう。

日本経済は太平洋戦争の敗戦で全国が焦土となる惨害を被りましたが、1950年代初頭の朝鮮戦争に象徴される世界冷戦体制への移行を奇貨として、米国の安全保障体制に組み込まれ、米国の庇護と支援のもとで、高度経済成長を実現しました。

その経済成長を70年代以降、エネルギー供給の面から支え推進したのが、原子力による電力供給増強戦略でした。

原子力発電は一度発電設備を作ってしまえば、ランニングコストは少ないので、比較的廉価とされます。また、自然条件の変化などに影響されずに安定的で、そしてCO_2を排出しないので地球環境にやさしい電力と謳われました。

73年に石油危機に襲われた日本は原子力発電所の建設に注力し、アメリカ、フランスに次ぐ原発大国になり、原発が全電力の3割を安定的に支えることになりました。これが70年代以降の日本の経済発展を電力供給の面から支えたことはたしかです。

しかし、2011年に日本列島を襲った東日本大震災の衝撃は、世界最大級の出力を誇っていた福島第一原子力発電所に、津波に誘発された原子炉の爆発と核燃料の溶融という最悪の事故を発生させました。

この事故は、ほとんど大規模な核戦争にも匹敵する危険を撒き散らしたため、ドイツをはじめ多くの国々は核燃料による発電を中期的に終焉させ、自然エネルギーによる電力立国に向けて舵を切る決断をしました。

■原発に依存するエネルギー戦略と決別すべき

福島第一原子力発電所事故で世界史上最悪の被害を受けたにもかかわらず、安倍政権はなし崩し的に原発の比重をふたたび増やす方向に日本のエネルギー戦略を導いているようです。それどころか、原発関係者は、「福島の事故は特殊で最悪であっただけに、その教訓を生かして、より災害に強い原発を作る能力を磨いた」として世界各国に原発の輸出攻勢をかけています。

その反面、事故の後遺症が社会経済的にどのくらいのものになるかについては、一部の人々をのぞけば情報も知識も関心もないようです。

1979年に起きたアメリカのスリーマイル島原発の事故は、比較的被害が少なく収束できましたが、アメリカはその後30年にわたって原発建設を中止してきました。86年にソ連(当時)のチェルノブイリで起きた原発事故は、事故のあった原発にコンクリートを何層にもかぶせていますが、まだ何も解決していないようです。

福島の事故の場合には、関係者の懸命の努力にもかかわらず燃料棒の取り出しもできておらず、何年か後に仮にできたとしても、プルトニウムやウランの放射能の半減期は数万年から数十億年。核廃棄物を無害にするのは基本的に不可能と思われます。

事故後の原発の処理には気の遠くなるような時間と天文学的費用がかかり、それがすべて後世の人々の負担になるのです。

このような事態を直視すると、原発に依存するエネルギー戦略とは、現実的なステップを踏んで一日も早く決別すべきでしょう。

■自然エネルギーによる発電体制の推進を

小泉純一郎元首相が、今は原発廃止の伝道的活動をしておられることは象徴的です。

小泉元首相は、総理大臣時代、政府の専門家や関係者の意見を聞いて、原発に積極的な考えを持っていましたが、退任してから勉強をしなおして「原発はもっとも危険でコストの高いしろものである」ことを学んだのです。

福島の事故以降の日本は、それまで50基以上フル稼働していた原発を止め、その後7年間、ときには1基も稼働しない時期があったにもかかわらず停電もなくやってきました。

小泉元首相は、これを〝原発ゼロでも日本はやれる〟明白な証拠と、説いておられます。

原発を一日も早く合理的に廃止することは望ましい方向ですが、それと並行して、自然エネルギーによる発電体制を強力かつ大規模に推進すべきです。

自然エネルギーは、しばしば〝再生可能〟エネルギーと呼ばれます。

それは化石燃料や核燃料の原石の埋蔵量が、このまま使い続けるとあと数十年から百数十年分というふうに有限であるのに対して、自然エネルギーは基本的に太陽エネルギーの多様な発現形なので、宇宙物理学者が160億年と推計している太陽の寿命を考えると、無限もしくは再生可能と言ってさしつかえないからです。

しかも、太陽エネルギーは地球上に偏在する化石燃料と違って分け隔てなく地上に降り注ぐので、奪い合いや戦争を誘引しない平和的エネルギーと言えます。

■太陽エネルギーで原発100基分の発電が可能

太陽エネルギーから派生するエネルギーには、太陽光、風力、バイオマス、地熱、大水力、小水力、潮力、波力、などいろいろなものがあります。

そして、現在の技術でも、そのうちいくつかは化石燃料や核エネルギーを十分に代替できる可能性があるのです。

太陽エネルギーにもとづくこれら自然エネルギーは光にしても、風にしても、植生にしても、海にしても、いずれも広い面に展開するという共通性があります。

これに対して化石燃料や核エネルギーは発電所という工場、すなわち点でエネルギーを生産するので、消費地に近い方がよいし、遠い場合は送電網でしっかりつなぐ必要があります。

面で生産する自然エネルギーは広い空間で生まれるエネルギーなので、むしろ過疎地が適しています。したがって、広い過疎地で作られたエネルギーを大都市の人々や産業が代価を払って消費すると、人口密度の高い大都市から密度の低い過疎的な地方に大きな所得移転が起きる可能性があり、これは国土設計としても望ましい姿でしょう。

太陽光エネルギーはソーラーパネルで生産されますが、日本列島のさまざまな空き地、家やビルの屋上、耕作放棄地、海岸線、高速道路や鉄道の側の土地など利用可能なスペースをすべて活用すると、１００万キロワット級の原発１００基分の発電が可能とされます。

■自然エネルギーでまかなえる可能性は十分ある

風力は日本の場合、北海道、東北、中国地方、また海上発電の可能性も加えるとさまざまな海岸などが強度と安定度が高く、風力発電に適しているとされますが、これらは消費地からは遠い場合が多いので、送電網を整備する必要があります。

地熱エネルギーも、ニュージーランドのような火山国では開発が進んでいます。日本もニュージーランドに負けない火山国なので、大きな可能性があるはずですが、現状では九州に数カ所、北海道に1カ所と、その展開ははるかに遅れています。しかし本格的に開発を進めるなら大きな可能性を持ったエネルギー源です。

バイオマスは、前述したように森林国日本にとっては極めて有力なエネルギー源です。

水力発電にも期待できます。これまでの大規模ダムは、自然破壊と砂利の累積でダムの効果が年月とともに薄れるので、最近は歓迎されませんが、小水力発電ならどうでしょう。田んぼにある水車のようなイメージの小水力発電は、設備も小さく、24時間365日、絶えず電力を作れるので大変効率がよく、日本のような国土には適しています。

自然エネルギーによる発電と供給は、風力や地熱のように大規模な装置と大容量の送電網を必要とするものもありますが、太陽光による発電は、電池の機能開発が進めば小規模化が可能です。ソーラーパネルと電池を装備すれば、個々の家庭、工場、ショッピングセンターなどで、必要な電力はその場で作れる可能性が十分にあります。

そうなると、送電線が不要になるだけでなく大規模な供給設備も市場の囲い込みも不要な、これまでの産業社会とはまったく異なる、超分散型の経済社会が構築される可能性があります。

実は日本では、73年の石油危機の衝撃を受けて、これら自然エネルギーによる発電技術の開発が急速に進み、多くの分野で世界最先端の位置を占めていたのです。ところが70年代後半から原発開発がエネルギー国家戦略の中枢を占めるようになって、自然エネルギーへの社会的関心も資源配分も少なくなり、今や欧米をはじめ中国など中進国の後塵を拝するようになってしまいました。

政治的、産業的、そして社会的優先順位を高めて取り組めば、日本はこれからの時代に、これまでの資源小国の呪縛からまったく解放され、大きく発展する可能性があります。

むすび

■高負担でも安心なしくみを政治家、政府、国民全体で考えよう

これまで、なぜ日本がこのような危機的状態に陥ったのか、それを克服するにはどうすればよいか、を考えてきました。

私はこの本で、そのためには増税が不可欠だと述べました。そして、人々が一度の大幅引き上げで受けるショックを和らげるため、毎年１％程度の小刻みな税率引き上げを２０１９年から12年間にわたって継続し、消費税率20％に到達させ、財政赤字を持続的に吸収することを提案しました。

ただ、日本の今の経済社会のしくみや状況のままで、税負担だけ20％に上げるなどということを国民が許容するはずはありません。欧州とくに北欧諸国は税負担が20～25％という高率ですが、十分な年金があるうえに、医療や教育など基本的な社会サービスが無料で受けられるしくみになっています。そうした社会的安心の基盤があるので、国民は高負担

を受け入れているのです。

日本の国民が20%の消費税負担をあえて受け入れるに足る、社会的な安心のしくみとは一体、どのようなものでしょうか。これこそ、今の日本が政治家も政府も自治体も民間企業も一般の人々も全力を挙げて真剣に取り組むべき、もっとも大切な課題でしょう。

国民全員が安心して暮らせる総合的な社会保障システムを構築するには、おそらく膨大な費用がかかるでしょう。これまでの日本では社会保障は年金、医療、介護、失業保険、生活保護から構成されていました。

しかし、今や家族の形態が多様化し、独身世帯の比重が大きく増えました。現代の社会では、結婚し、子供を産み、育て、家族生活を営むという、家族の〝再生産機能〟が著しく弱化しているのです。介護保険が２０００年に導入されたのはそうした社会構造の変化に急遽対応する必要があったからです。

■国民の全階層に「安心保障システム」を提供する

このような現代の社会では、人々が安心して暮らせるような総合的な社会保障ないしは安心保障のしくみが必要になるでしょう。

そこでは、従来の年金、医療、介護、失業保険、生活保護だけでなく、出産、子育て支援、教育、雇用などライフサイクルのすべてにわたるシームレスなサービスを、それを真に必要とする人々に効果的に提供することが必要になるでしょう。

このような安心保障システムを提供することによって、社会の全階層で再生産機能が健全に維持され、希望の持てる明るい社会を構築することができるのです。

こうした総合的なシステムの提供するサービスは多様で総合的であるだけに、費用は莫大になるでしょう。おそらくそれは現在の社会保障制度の費用をはるかに上回るのではないかと思われます。

したがって、制度の設計、構築と運用は極めて厳格にかつ効率的に行われる必要があります。消費税20%という高負担構造はそれを支えるしくみとしても維持される必要があるでしょう。

高齢化・人口縮小社会は私たちにこのような長期展望を描き、それをできるだけ早く実行することを迫っています。こうしたテーマこそ政治家も国民も皆で真剣に考えるべきテーマです。総選挙が終わった今こそ、政治家はこうした問題を真剣に取り上げ国民に訴えるべきでしょう。

民主主義国では政治は国民の理解と意識の反映であり、それを上回ることも、大きく乖離することもありません。課題は今私たちの目の前にあります。この本で私はそうした問題を皆で考える手がかりをできるだけ幅広く、ある程度詳しく提供したつもりですが、これを読んでそうした問題を考える手がかりを掴んでいただければ幸いです。

後書き　―第四次安倍内閣でさらに進む財政悪化―

若年層支援が政策課題としてようやく本格的に取り上げられるようになりました。教育無償化や全世代型社会保障が政策論議の焦点になっています。

2017年10月の総選挙では自民党が大勝し、自民・公明与党が衆議院議席の3分の2以上を占めることになりました。選挙では経済社会政策の課題として、教育無償化と消費税が各党で取り上げられました。

教育無償化は与野党がこぞって公約とし、消費税は野党は反対もしくは凍結、自民党は、2019年10月に予定されている消費税の8％から10％への増税分の使途を、より多く幼児教育無償化や社会保障の充実にまわすとしました。

実際、安倍首相はそれを総選挙をする理由として国民に訴えました。総選挙で大勝した安倍政権は、公約の教育無償化と全世代型社会保障の充実を最大の政策課題として推進するとしています。

日本では過去半世紀にわたって、高齢化対応が大きな政策課題とされ、高齢者のためのさまざまな福祉政策を充実させてきました。その結果、年金、医療、介護、生活保護など多くの政策が整備充実され、そのために多大な政策資源が投入されてきました。その反面、若年層への政策支援が遅れ、欧米諸国などにくらべてもその貧弱ぶりが指摘されるようになりました。

1990年代以降の低成長時代に多くの勤労者の雇用条件が悪化し、子育てや教育に十分注力できない家庭が増えてきました。言うなれば再生産能力の弱まった社会階層が増えているのです。日本の政治がようやくそうした若年層問題に着目したのは大いに歓迎できます。

安倍政権は、まず保育園や幼稚園など幼児教育の無償化を進めるとしています。そのためには2兆円ほどの予算がかかると見込まれています。2%の消費税増税から見込まれる増収分は約5・6兆円ですから、1つの政策項目としてはこれはかなり多額です。問題はその多額の国民負担がどのような政策効果を持つかについて、十分検討されているかです。

教育は大部分の家庭では基本的に自己負担で取り組んでいます。その中で、一部の家庭では経済的困難から学業をつづけられない例があり、そうした限られた家庭を集中的に支援する方が、限られた税収の使い方としては望ましいのではないかと思います。今の日本に貴重な税収をばらまくゆとりはないのではないでしょうか。

子育て中の母親の就労を支援するのなら、教育無償化よりも幼児保育参入の規制緩和や、バウチャー制による選択の自由化を進める方が効果があるように思います。

教育については困難な学生支援とならんで、優秀な学生をさらに育てる留学支援などが、全般的な無償化よりはるかに受給者にとっても国にとっても効果が大きいように思います。

全世代型社会保障のスローガンはよいのですが、その中身はまだ明らかになっていません。高齢者に偏っていた社会保障の給付やサービスを若年層にまで広げるのは望ましいことですが、その内容はよく検討して、どれだけの費用になるか精査する必要があるでしょう。

政権が教育の無償化や全世代型の社会保障を唱える一方で、1つ心配な現象が確実に進んでいます。それは政府財政債務の異常な増大です。日本が世界最悪の借金国であることは周知であり、多くの人々はこの先どうなるのかについて不安を抱いています。

　高齢化が進むにつれて社会保障給付が増え、現役世代の拠出だけでは費用が足りず、国債発行でまかなう部分が国の借金として蓄積しています。同時に高齢化にともなって貯蓄率が減少しており、やがて政府の予算をまかなう国債を買う原資が足りなくなるのでは、と心配されています。そうなると政府の予算編成や企業の経営に支障が生ずるおそれがあります。

　そのうえ、全世代型の社会保障を本当に提供するとなれば、その費用は桁違いに増えるでしょう。それはどう負担すればよいのでしょうか。


　2017年10月の総選挙はそうしたことが政策論争の本来のテーマになるべきでした。しかし、この選挙は、安倍政権が人気低落を挽回すべく8月末に選挙の考えを示し、9月末に国会解散、10月上旬に選挙公示、10月22日に投票という、ゆっくりと問題を考えるヒマも与えないスケジュールだったので、国民ばかりでなく政党すらも政策テーマをほとんど熟慮せずに選挙になってしまいました。本質的問題を国民全員が考えられる機会を政府は真面目に提供すべきでしょう。

人口減少と高齢化がもたらす重大かつ深刻な問題は刻一刻と近づいてきています。私たちがやり過ごすことのできないもっとも大きな問題について、この本を読んだみなさんは、考えてくださることと思います。

参考文献

ラインハート・カーメンM、ロゴフ・ケネスS『国家は破綻する：金融危機の800年』（村井章子　訳）2011年　日経BP社

藤巻健史『迫り来る日本経済の崩壊』2014年　幻冬舎

藤巻健史『国家は破綻する：「日本は例外」にはならない！』2016年　幻冬舎

石角完爾・田代秀敏『アベノミクスが引き金になる日本国債暴落のシナリオ』2013年　中経出版

石角完爾・田代秀敏『みんなが知らないうちに買っている　日本国債暴落のシナリオ』2010年　中経出版

東京財団『政策提言：財政危機時の政府の対応プラン』2013年7月

自由民主党・政務調査会・財務金融部会『X-day プロジェクト報告書』2011年6月

鈴木亘『財政危機と社会保障』2010年　講談社現代新書

小黒一正『2020年、日本が破綻する日：危機脱却の再生プラン』2010年　日経プレミアシリーズ

榊原英資『日本国債が暴落する日は来るのか？：低成長時代の国家戦略』2016年　ビジネス社

田幡直樹「日米欧中銀の金融正常化　保有国債等縮小、20年超も」『日本経済新聞』（経済教室）2015年10月2日

駒村康平編著『2025年の日本：破綻か復活か』2016年　勁草書房

小黒一正『預金封鎖に備えよ：マイナス金利の先にある危機』２０１６年　朝日新聞出版
黒木亮『国家とハイエナ』２０１６年　幻冬舎
古川元久『財政破綻に備える：今なすべきこと』２０１５年　ディスカヴァー携書
ＮＩＲＡ（総合研究開発機構）報告書『国債に依存した社会保障からの脱却—シルバー民主主義を超えて』２０１３年2月
小黒一正『アベノミクスでも消費税は25％を超える』２０１３年　ＰＨＰビジネス新書
浅井隆・小黒一正『預金封鎖、財産税、そして10倍のインフレ!!』（上下）２０１６年　第二海援隊
小黒一正・小林慶一郎『日本破綻を防ぐ2つのプラン』２０１１年　日経プレミアシリーズ
河野稠果『人口学への招待：少子・高齢化はどこまで解明されたか』２００７年　中公新書
野口悠紀雄『日本経済入門』２０１７年　講談社現代新書
「Overhyped, underappreciated」『The Economist』July 30, 2016.
Posen, Adam「Shinzo Abe's stimulus is a lesson for the world」『Financial Times』August 3, 2016.
田中秀明『日本の財政：再建の道筋と予算制度』２０１３年　中公新書
深尾光洋『財政破綻は回避できるか』２０１２年　日本経済新聞出版社
富田俊基『国債の歴史：金利に凝縮された過去と未来』２００６年　東洋経済新報社
米澤潤一『日本財政を斬る：国債マイナス金利に惑わされるな』２０１６年　蒼天社
International Monetary Fund Country Report No. 17/242『Japan』July 2017, IMF
野口悠紀雄『１５００万人の働き手が消える２０４０年問題：労働力減少と財政破綻で日本は崩壊する』２０１５年　ダイヤモンド社

野口悠紀雄『金融緩和で日本は破綻する』2013年　ダイヤモンド社
野口悠紀雄『消費増税では財政再建できない：「国債破綻」回避へのシナリオ』2012年　ダイヤモンド社
小柴正浩『資産運用とヘッジファンド』2013年11月　島田塾メンバーズトーク
大井幸子『円消滅！：第二の金融敗戦で日本は生き残れない』2016年　ビジネス社
高山憲之『信頼と安心の年金改革』2004年　東洋経済新報社
コトリコフ・ローレンス、バーンズ・スコット『破産する未来：少子高齢化と米国経済』（中川治子　訳）2005年　日本経済新聞社
コトリコフ・ローレンス『世代の経済学：誰が得をし、誰が損をするのか』（香西泰　監訳）1993年　日本経済新聞社
島澤諭・山下努『孫は祖父より1億円損をする：世代会計が示す格差・日本』2009年　朝日新書
八田達夫・小口登良『年金改革論：積立方式へ移行せよ』1999年　日本経済新聞社
小黒一正『財政危機の深層：増税・年金・赤字国債を問う』2014年　NHK出版新書
石弘光『増税時代：われわれは、どう向き合うべきか』2012年　ちくま新書
小塩隆士『効率と公平を問う』2012年　日本評論社
井堀利宏『誰から取り、誰に与えるか：格差と再分配の政治経済学』2009年　東洋経済新報社
橘玲『日本の国家破産に備える資産防衛マニュアル』2013年　ダイヤモンド社
鈴木亘『社会保障亡国論』2014年　講談社現代新書
榆周平『介護退職』2014年　祥伝社文庫

小塩隆士『人口減少時代の社会保障改革：現役層が無理なく支えられる仕組みづくり』２００５年　日本経済新聞社
永濱利廣・鈴木将之『団塊ロストワールド：老いる国の経済学』２０１３年　日本経済新聞出版社
鈴木亘『社会保障の「不都合な真実」：子育て・医療・年金を経済学で考える』２０１０年　日本経済新聞出版社
山田昌弘『少子社会日本：もうひとつの格差のゆくえ』２００７年　岩波新書
佐藤俊樹『不平等社会日本：さよなら総中流』２０００年　中公新書
橘木俊詔『日本の経済格差：所得と資産から考える』１９９８年　岩波新書
駒村康平『大貧困社会』２００９年　角川ＳＳＣ新書
駒村康平『中間層消滅』２０１５年　角川新書
三浦展『下流社会：新たな階層集団の出現』２００５年　光文社新書
八代尚宏『シルバー民主主義：高齢者優遇をどう克服するか』２０１６年　中公新書
西沢和彦『税と社会保障の抜本改革』２０１１年　日本経済新聞出版社
香取照幸『教養としての社会保障』２０１７年　東洋経済新報社
松山幸弘『財政破綻に備える　次なる医療介護福祉改革』２０１７年　ＪＭＰ（日本医療企画）
八代尚宏『社会保障を立て直す：借金依存からの脱却』２０１３年　日経プレミアシリーズ
鈴木亘・八代尚宏編『成長産業としての医療と介護：少子高齢化と財政難にどう取り組むか』２０１１年　日本経済新聞出版社
吉川洋『人口、日本経済と社会保障』２０１７年４月　医療経済フォーラム・ジャパン提出資料

駒村康平『日本の年金』２０１４年　岩波新書
駒村康平『年金はどうなる：家族と雇用が変わる時代』２００３年　岩波書店
鈴木亘『年金は本当にもらえるのか？』２０１０年　ちくま新書
清家篤『雇用再生：持続可能な働き方を考える』２０１３年　ＮＨＫ出版
清家篤『エイジフリー社会を生きる』２００６年　ＮＴＴ出版
清家篤『生涯現役社会の条件：働く自由と引退の自由と』１９９８年　中公新書
八代尚宏『日本的雇用慣行を打ち破れ：働き方改革の進め方』２０１５年　日本経済新聞出版社
八代尚宏『労働市場改革の経済学：正社員「保護主義」の終わり』２００９年　東洋経済新報社
グラットン・リンダ、スコット・アンドリュー『ＬＩＦＥ ＳＨＩＦＴ：１００年時代の人生戦略』２０１６年　東洋経済新報社
長坂健二郎『日本の医療制度：その病理と処方箋』２０１０年　東洋経済新報社
森信茂樹、梅澤高明、佐藤主光、土居丈朗『税と社会保障でニッポンをどう再生するか』２０１６年　日本実業出版社
原田泰『若者を見殺しにする日本経済』２０１３年　ちくま新書
原田泰『ベーシック・インカム：国家は貧困問題を解決できるか』２０１５年　中公新書
池上直己『日本の医療と介護：歴史と構造、そして改革の方向性』２０１７年　日本経済新聞出版社
池上直己『医療・介護問題を読み解く』２０１４年　日本経済新聞出版社
鈴木亘『だまされないための年金・医療・介護入門：社会保障改革の正しい見方・考え方』２００９年　東洋経済新報社

伊藤周平『介護保険を問いなおす』2001年　ちくま新書
小黒一正『2025年、高齢者が難民になる日：ケア・コンパクトシティという選択』2016年　日経プレミアシリーズ
小宮山宏『「課題先進国」日本：キャッチアップからフロントランナーへ』2007年　中央公論新社
吉川洋『人口と日本経済：長寿、イノベーション、経済成長』2016年　中公新書
リフキン・ジェレミー『限界費用ゼロ社会：〈モノのインターネット〉と共有型経済の台頭』（柴田裕之訳）2015年　NHK出版
財務省『財政運営、財政改革に関する閣議決定ならびに関連資料』1971～2017年
社会保障制度改革国民会議『社会保障制度改革国民会議報告書』2013年8月6日
財務省主計局主計官阿久澤孝『日本の財政と社会保障』2016年8月
財務省主計局『戦後の我が国財政の変遷と今後の課題』2016年6月
厚生労働省『平成16年年金制度改正のポイント』2004年6月
厚生労働省『国民年金及び厚生年金に係る財政の現況及び見通し―平成21年財政検証結果―』2009年2月23日
厚生労働省『国民年金及び厚生年金に係る財政の現況及び見通し―平成26年財政検証結果―』2014年6月3日
財務省『国債市場特別参加者会合　議事要旨』2004年以降適時

〈著者プロフィール〉
島田晴雄（しまだ・はるお）
1943年生まれ。65年慶應義塾大学経済学部卒業。70年同大学大学院経済学研究科博士課程修了。74年ウィスコンシン大学にて博士号取得。現在、首都大学東京理事長、慶應義塾大学名誉教授。経済企画庁経済研究所客員主任研究官、フランスESSEC(経済経営グランゼコール)交換教授、米国MIT訪問教授、富士通総研経済研究所理事長、日本フィルハーモニー交響楽団理事長等を歴任。2001年9月より5年間内閣府特命顧問。専門は労働経済学、経済政策。『労働経済学』(岩波書店)、『ヒューマンウェアの経済学　アメリカのなかの日本企業』(岩波書店、サントリー学芸賞受賞)、『日本の壊れる音がする　今なら、まだ間に合う！』(朝日新聞出版)、『岐路　3.11と日本の再生』(NTT出版)、『盛衰　日本経済再生の要件』(東洋経済新報社)など著書多数。

日本経済 瀕死の病はこう治せ！

2018年3月10日　第1刷発行

著　者　島田晴雄
発行人　見城 徹
編集人　福島広司

GENTOSHA

発行所　株式会社 幻冬舎
〒151-0051　東京都渋谷区千駄ヶ谷4-9-7

電話　03(5411)6211(編集)
03(5411)6222(営業)
振替　00120-8-767643
印刷・製本所　株式会社 光邦

検印廃止

ISBN978-4-344-03264-4　C0095
幻冬舎ホームページアドレス　http://www.gentosha.co.jp/

この本に関するご意見・ご感想をメールでお寄せいただく場合は、
comment@gentosha.co.jpまで。